Carin de Vries

Übungen mit dem Soma-Würfel

Spielerischer Aufbau von Raum-Lage-Beziehungen

Carin de Vries

Übungen mit dem Soma-Würfel

Spielerischer Aufbau von Raum-Lage-Beziehungen

Vom Würfel zum Bauwerk – Übungsvorschläge für den Einsatz im inklusiven Unterricht zur Förderung aller SchülerInnen

verlag modernes lernen

Externe Links
Der Verlag weist ausdrücklich darauf hin, dass eventuell im Text enthaltene externe Links vom Verlag nur bis zum Zeitpunkt der Buchveröffentlichung eingesehen werden konnten. Auf spätere Veränderungen hat der Verlag keinerlei Einfluss. Eine Haftung des Verlages ist daher ausgeschlossen.

Unser Buch-Shop im Internet
www.verlag-modernes-lernen.de

Dieses Buch enthält eine CD-ROM

Veröffentlicht in der Edition:
verlag modernes lernen Borgmann GmbH & Co. KG · Schleefstraße 14 · D-44287 Dortmund

Gesamtherstellung in Deutschland: Löer Druck GmbH, Dortmund

Bestell-Nr. 3654 ISBN 978-3-8080-0776-1

Inhalt

Vorwort

Das vorliegende Übungsheft zum Aufbau und zur Festigung von Raumvorstellungen verfolgt das Ziel, gleichzeitig strukturiert und vielseitig in ein geeignetes didaktisches Material einzuführen, welches wesentlich dazu beitragen kann, im Alltag notwendige Raumvorstellungen in spielerischer Form anzubahnen. Daneben bietet der Umgang mit Würfel und Würfelbauten eine geeignete Abwechslung zum Umgang mit Zahlen und ist in den schulischen Rahmenvorgaben dem verbindlichen Lernbereich „Raum und Form“ zugeordnet. Bisherige Veröffentlichungen beinhalten zumeist bereits anspruchsvollere Aufgabenformate. Dieses Heft dagegen soll Lehrkräfte und Eltern darin unterstützen, auch SchülerInnen, die erst noch stabilere Raumvorstellungen aufbauen müssen, gestufte und ansprechende Aufgaben- und Übungsformate an die Hand zu geben.

Die Übungen in diesem Buch wurden in verschiedenen Klassenstufen bei SchülerInnen mit und ohne Förderbedarf erfolgreich erprobt und führten dabei auch zahlreiche pädagogische Fachkräfte und Lehrkräfte an ein neues, spannendes Lernfeld heran.

Diese Buch entstand auf Wunsch von KollegInnen und bietet mit seinen Aufgabenformaten nun auch einem breiteren Kreis von SchülerInnen und Lehrkräften einen geeigneten Anwendungsbereich. Für interessierte KollegInnen wurde zudem ein Kompetenzraster und eine übersichtliche Grafik zur Erstellung eines individuellen Kompetenzprofils beigefügt, welches die Aufgabenformate noch einmal zusammenführt. Eine gestufte Übungsreihe mit einzelnen, aufeinander aufbauenden Fördereinheiten findet sich ebenso im Buch wie klare, einführende Vorübungen. Das Autorenteam wünscht viel Freude und Erkenntnisgewinn im Umgang mit dem Material!

An dieser Stelle sei den Master-Absolventinnen Tabea Pütz und Sina-Alisa Strege gedankt, die die aufgeführte Übungsreihe zur Förderung mit entwickelt und gestaltet sowie engagiert in verschiedenen Schulen erprobt haben.

Gleichzeitig danke ich meiner Kollegin Prof. Conny Melzer von der Universität Köln, die dieses Vorhaben stets durch einen intensiven kollegialen fachlichen Austausch und ihre Erfahrungen im Rahmen ihrer früheren schulischen Tätigkeit bereichert hat. Christina Weitzel danke ich für den lebhaften und konstruktiven Austausch bzgl. möglicher Differenzierungen, z. B. in Stationsarbeiten (vgl. S. 34, 101).

Dem verlag modernes lernen danke ich für die aufwändige Überarbeitung und Gestaltung des vorliegenden Werkes, sowie für die stets gute Zusammenarbeit.

Dr. Carin de Vries

Tabea Pütz

Sina-Alisa Strege

Dr. Conny Melzer

1. Grundlagen

1.1 Alltagsbezug

Im Alltag sind zahlreiche flächige Grundformen (Kreis, Dreieck, Rechteck, Quadrat) und raumgreifende Körper (Kugel, Pyramide, Quader, Würfel) zu entdecken, die das tägliche Umfeld begleiten. So helfen z. B. Verkehrsschilder, sich sicher im Straßenverkehr zu verhalten (Fußgänger-/Fahrradweg, Einbahnstraße, Halteschild). Im häuslichen Umfeld finden sich z. B. in Küche und Bad zahlreiche Verpackungen in Form von Quadern (Zahnpasta- oder Creme-Verpackungen, Müsli-Packung, Milchtüte). In der Kindheit werden umfangreiche spielerisch ausgerichtete Erfahrungen mit zunächst einfachem und später zunehmend geplantem Bauen mit Bauklötzen gesammelt und dabei wichtige Grundlagen für bedeutsame Raumvorstellungen gelegt. Im Umgang mit Spielbällen wird z. B. eine Vorstellung von „rund" aufgebaut, wesentliche Merkmale sind rollend (unabhängig von Größe und Material) und aus jedweder Perspektive gleich aussehend. Beim Würfelspiel bleibt ein Würfel immer wieder in gleicher Weise auf einer seiner Seitenflächen liegen. Nur die Spielfarbe oder Punktzahl, z. B. zum Weiterziehen einer Spielfigur auf der oberen Seite, verändert sich, wenn der Wurf beendet ist. Beim Würfeln lässt sich bereits jene Gleichförmigkeit erkennen, die den (nicht abgerundeten) Einzel-Würfel (Quader) als vielseitig einsetzbares und wandelbares Grundelement beim sogenannten **SOMA-Würfel** ermöglicht. In diesem Heft wird es vorrangig um den Quader und hier seine besondere gleichseitige Form, den **Würfel** und mögliche **Würfelbauten** (Bauwerke) gehen. Durch seine vielseitigen Einsatzmöglichkeiten eignet er sich im Besonderen, SchülerInnen mit unterschiedlichsten Lernvoraussetzungen einen spielerischen Umgang von einfachen bis hin zu anspruchsvollen Aufgaben und einen Aufbau von Raum-Lage-Beziehungen sowie stabiler, abrufbarer Stützpunktvorstellungen zu ermöglichen. Er findet daher sowohl in der Einzel- und Kleingruppenförderung als auch in inklusiven Settings in Schule und Freizeit breite Anwendungsmöglichkeiten. Auch Erwachsene zeigen sich noch von seiner Kombinationsvielfalt fasziniert.

Zum Zeichnen reichen flächige geometrische Formen, zum Bauen werden dagegen raumgreifende Körper benötigt. Am vielseitigsten lassen sich Quader und Würfel verbauen, da sie symmetrisch sind. Der **Würfel** stellt eine **besondere Form** dar, da er allseits aus *gleich großen Seitenflächen, gleichen Eckwinkeln und Kantenlängen* besteht, wie die untenstehende Grafik zeigt (de Vries 2014, 180). In diesem Buch finden sich im letzten Kapitel weitere Hinweise zum SOMA-Würfel.

Die besonderen Merkmale eines **Würfels** (Quaders) ermöglichen einen vielseitigen Einsatz, siehe folgende Skizze: **alle** ► **Seiten**, **Ecken** und **Kanten** **sind gleich:**

Name des Körpers: WÜRFEL (Quader)

Antwort:

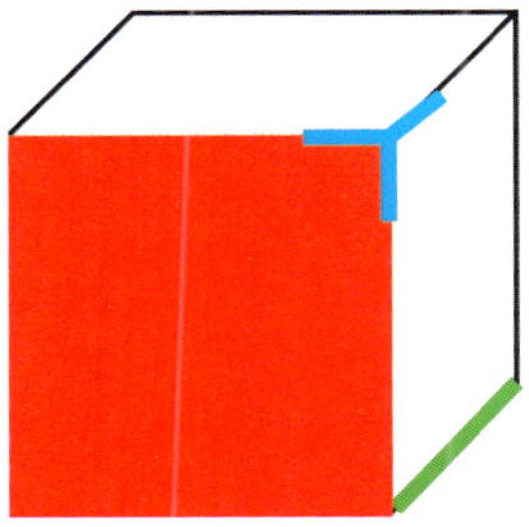

Wie viele **Seiten**: ► _____ hat ein Würfel.

Wie viele **Ecken**: ► _____ hat ein Würfel.

Wie viele **Kanten**: ► _____ hat ein Würfel.

1.2 Didaktische Vorüberlegungen

Eine verbindliche Vorgabe für den Lernbereich „Raum und Form“ setzt einen didaktischen Schwerpunkt in den Aufbau stabiler Raumlagebeziehungen und befindet sich z. B. in Niedersachsen im Kerncurriculum Geistige Entwicklung, KC GE 1–9 von 2007 (S. 69):

4.4 Raum und Form (Geometrie)

Angestrebte Kompetenzen	Kenntnisse/Fertigkeiten
Die Schülerinnen und Schüler orientieren sich im Raum. beschreiben Lagebeziehungen im Raum mit eigenen Worten. bauen und falten nach Handlungsanweisungen. nutzen Veranschaulichungsmittel zur Orientierung im Zahlenraum.	**Raum:** • Raum-Lage-Beziehungen (oben, unten, neben, innen, außen, vor, hinter usw.) erkennen und benennen • Kenntnisse situations- und alltagsbezogen mit abnehmender Hilfe entsprechend den individuellen Möglichkeiten in geometrischen oder arithmetischen Aufgaben anwenden
verfügen über Grundvorstellungen markanter geometrischer Körper. verfügen über eine tragfähige Vorstellung zur Gestaltung von raumgreifenden Körpergebilden. verfügen über Grundvorstellungen geometrischer Flächen. verfügen über eine genaue Zeichenfertigkeit mit und ohne Vorlage (ggf. mit Hilfe eines PC).	**Körper und Flächen:** • gleichmäßige geometrische Körper erkennen und sie entsprechenden Gruppen zuordnen • mit und ohne Vorlage geometrische Gebilde mit Würfeln nachbauen • einzelne einfache Grundflächen (z.B. Dreieck, Viereck, Raute, Parallelogramm o.ä.), später auch in anderen Dingen versteckt (z.B. Suchbilder o.ä.) erkennen • mit Hilfe von Schablonen und Hilfslinien entsprechende Flächen zeichnen • Spiegelungen im Alltag kennen

Räumliches Vorstellungsvermögen kann als Synonym für **„räumliches Denken“** verwendet werden. Dies beinhaltet „... die Fähigkeit, ***in der Vorstellung*** räumlich zu sehen und zu denken“ (vgl. Meyer 1994). Diese geht über die visuelle Wahrnehmung hinaus → Sinneseindrücke werden nicht nur registriert, sondern auch **gedanklich verarbeitet** und können in dieser Hinsicht auch stets als wichtiger Baustein zur Förderung der individuellen **Abstraktionsfähigkeit** eingestuft werden.

Der SOMA-Würfel wurde 1936 vom Dänen Piet Hein (1905–1996) entwickelt und bietet insgesamt alleine 240 verschiedene Kombinationsmöglichkeiten, um die Teile zu einem Würfel zusammenzufügen. Schon diese Aussage regt dazu an, eine von ihnen zu finden. Um einen Zugang zum Aufbau des SOMA-Würfels zu ermöglichen, sind zunächst einige Hinweise hilfreich:

Aus der Kombination mehrerer Einzelwürfel entstehen sogenannte *„Mehrlinge“*, die für den **SOMA-Würfel ausgewählten Mehrlinge** sind in der Grafik hervorgehoben:

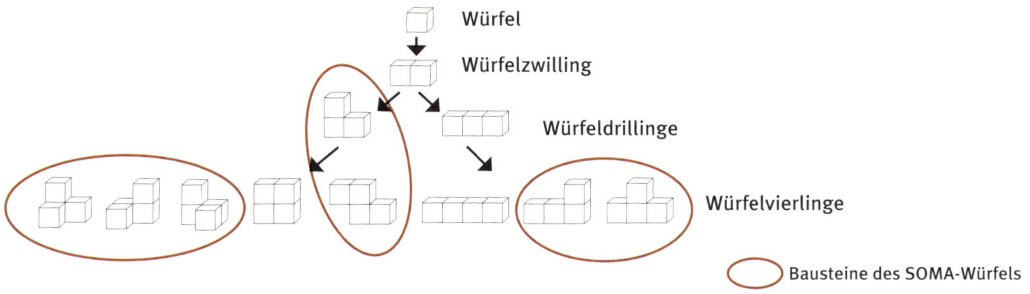

Der **SOMA-Würfel** besteht aus **7 Soma-Teilen** – sechs *Vierlingen* und einem *Drilling* und ist aus insgesamt 27 Einzelwürfeln zusammengesetzt. Zum Nachbauen sind daher 27 naturfarbene Einzelwürfel bei verschiedenen Herstellern erhältlich, möchte man mit selbst zusammengebauten Soma-Teilen arbeiten. Des Weiteren sind auch SOMA-Würfel in naturfarben s. u.* wie auch in farbig erhältlich. Dabei ist es wichtig, ggf. Würfel und Arbeitsheft beim gleichen Hersteller zu bestellen, da es leider keine festgelegten Farben für die SOMA-Teile gibt und die farblichen Vorlagen dazu passen müssen.

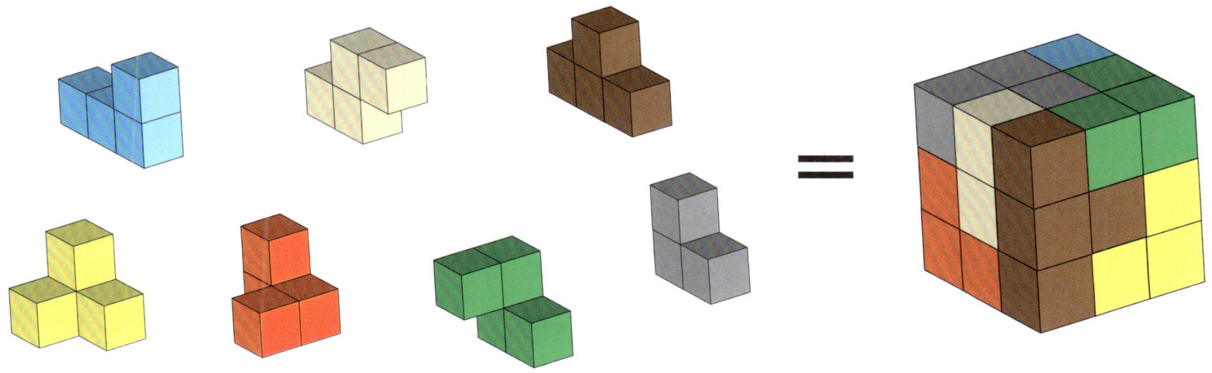

* Bei naturfarbenen Würfeln färben die SchülerInnen die SOMA-Teile selber passend zum Heft ein (Tuschkasten).

In den folgenden Kapiteln erfolgt zunächst eine Hinführung vom freien Bauen zu hilfreichen **„Bauplänen“**, um darauf aufbauend eine Einführung zum Aufbau der einzelnen **SOMA-Teile** und seiner **vielfältigen Kombinationsübungen** zu geben.
Des Weiteren werden noch einige weitere Materialhinweise sowie eine kurze Liste weiterführender Literatur und Quellen für interessierte LeserInnen gegeben.

Freies Bauen

Franke (2011, S. 136, 139) unterscheidet zwischen (a) heterogenem, (b) homogenem und (c) besonderem Konstruktionsmaterial, wie z. B. Lego/Duplo Baumaterialien:

– Bsp. **„Geostadt“** (a)

– Bsp. **Würfel**quader (b)

– Bsp. **Lego**-Bausteine (c)

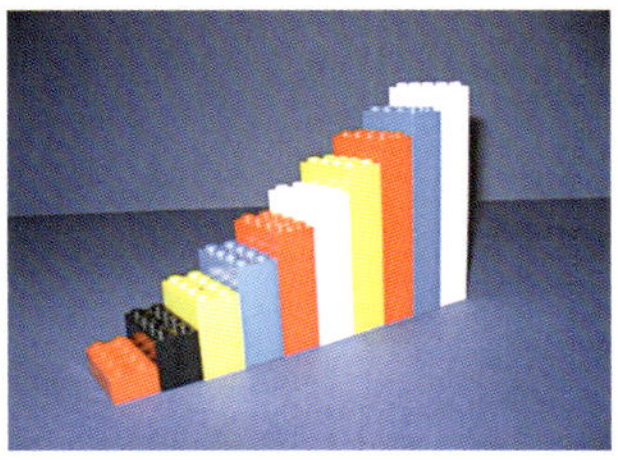

Beim Bauen mit Würfeln können Namensgebungen mit einem Alltagsbezug aus der erlebten Umwelt für entstandene Bauwerke einen spielerischen Zugang zum späteren Konstruieren und planerischen Vorstellungen vor dem „inneren Auge“ unterstützen. Auch bei der späteren Vorstellung der einzelnen Soma-Teile auf den folgenden Seiten können solche Namen helfen, sich die besonderen Merkmale der einzelnen Soma-Teile zu merken. Zunächst einige einfache Beispiele:

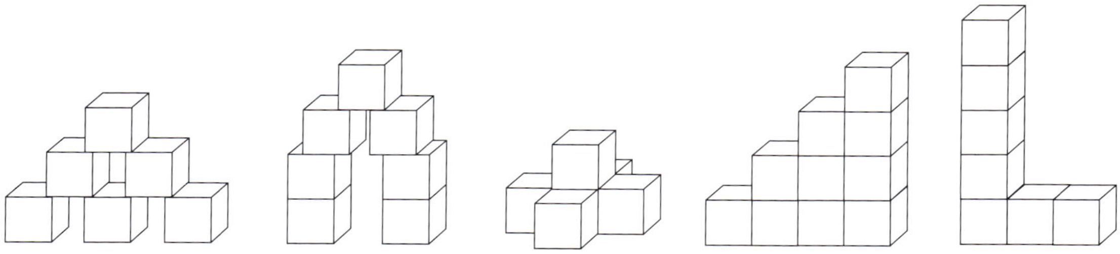

Stufenbrücke Tor Pyramide Treppe Buchstabe

Selbst gewählte Bezeichnungen von Bauwerken (nach: Franke 2011, S. 139)

Am Beginn sollte freies Ausprobieren stehen, um sich mit dem (Bau-)Material vertraut zu machen.

Für die ersten Versuche im Umgang mit einzelnen Würfeln empfiehlt es sich, eine ausreichende Anzahl an Einzelwürfeln (naturfarben) bereitzustellen, wie sie z. B. im „Bonbonbehälter“ (aus Kunststoff) angeboten werden (vgl. Bezugsquellen am Ende dieses Werkes). Später können auch naturfarbene Somateile im Set im praktischen Baumwollbeutel oder Kästchen für einzelne Schüler als Arbeitsmaterial dienen.

Baumaterialien:

Naturfarbene Einzelwürfel

Naturfarbene SOMA-Teile

Rewood*-Natur SOMA-Teile

** Rewood: aus recyceltem Holzmehl gepresst.*

2. Vom freien Bauen zum Bauplan

Ähnlich wie ein Architekt einen Bauplan für die Errichtung eines Gebäudes zeichnet, lassen sich Bauvorgaben als Bau-Anleitung für Würfelbauten / Würfelgebilde in einem **Bauplan** festhalten. Um ein Verständnis für den Zusammenhang und die Verbindung von der symbolischen Ebene mit Zahlen und Zeichen zur Abbildungsebene und zur konkreten Ebene aufbauen zu können, folgt in diesem Kapitel eine kurze Einführung in entsprechende allgemeine und in SOMA-Baupläne.

Vorweg noch ein kurzer Verweis auf die Darstellungen von de Vries (2014, 181), um den Zusammenhang der verschiedenen Zugangsebenen E-I-S zu veranschaulichen (**e**naktiv – **i**konisch – **s**ymbolisch):
Vom Schwierigkeitsgrad her kann in Bezug auf **E-I-S** folgende Steigerung stattfinden:

🡇 Bauen nach **Modell**

E = Konkrete Zugangsebene

🡇 Bauen nach **Schrägbild**

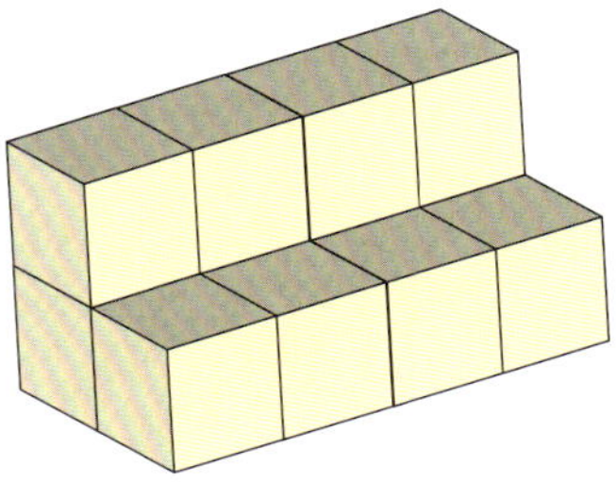

I = Abbildungs-Zugangsebene

🡇 Bauen nach **Bauplan**

2	2	2	2
1	1	1	1

S = Symbolische Zugangsebene

Dies ermöglicht es auch SchülerInnen mit unterschiedlichen Lernvoraussetzungen, am gemeinsamen Thema („Bauen nach Vorlage") teilzunehmen.
Benötigt werden hierzu Einzelwürfel und die entsprechend kopierten oder ausgedruckten Baupläne, die sich zudem individuell auf die Lernvoraussetzungen der SchülerInnen im inklusiven Setting gut differenziert gestalten lassen.
Eine weitere Steigerung und Differenzierung kann in Hinblick auf die Zugangsebene oder in Hinblick auf zunehmend schwierigere Konstruktionen erfolgen. Somit bietet es sich für fördernde und auch fordernde Lernangebote für alle SchülerInnen an.

Die Übungen eignen sich auch für Partnerarbeit. Die Aufgabe kann z. B. lauten, ein Bauwerk nach einem Bauplan zu bauen oder umgekehrt zu einem Bauwerk einen Bauplan zu zeichnen. ▶ Man kann auch zwischen den Zugangsebenen **Bauplan**⇔**Schrägbild** wechseln:

2	1
1	0

„Ecke"

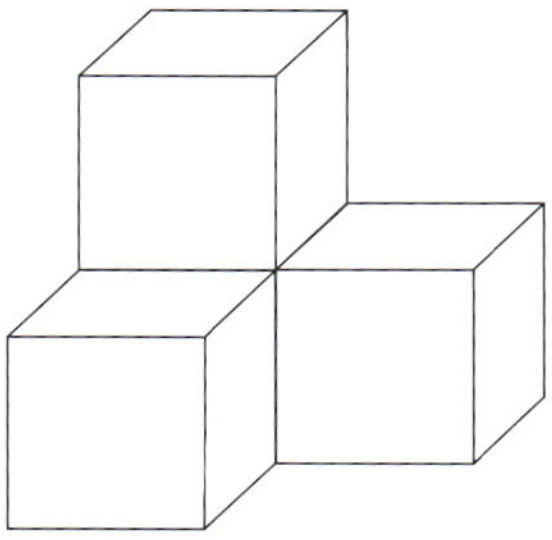

1	2	3	4

„Treppe"

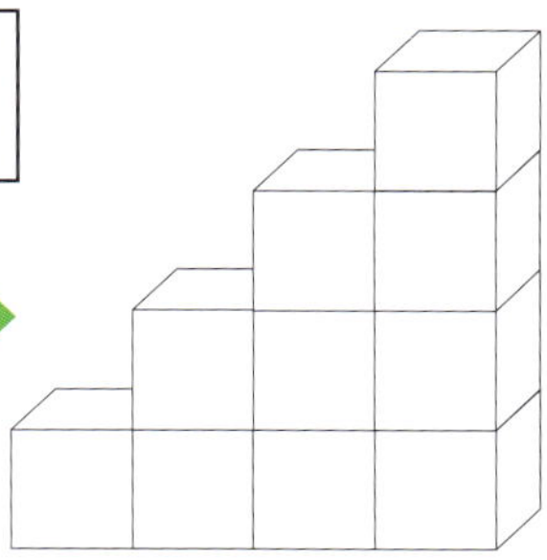

„Welcher Bauplan gehört zu welchem Bauwerk?"
„Wie muss ein Bauplan für dieses Bauwerk aussehen / geschrieben werden?"

2.1 Einführung in Würfelbaupläne

Aufgabe 1: Baue auf dem Bauplan *(Einzelne Würfel können hier direkt auf das Arbeitsblatt gelegt werden.)*

Die Zahl in der *Klammer* (links) zeigt Dir, wie viele Einzel-Würfel Du *insgesamt* zum Nachbauen brauchst, die Zahl im Feld rechts daneben, wie viele Würfel in das jeweilige Feld *aufeinander gelegt* werden, z. B. 2 → 2 Würfel auf das Feld, 4 → 4 Würfel auf das Feld (siehe Beispiele):

(1) | 1 |
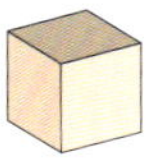

(2) | 2 |
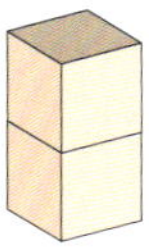

(3) | 3 |
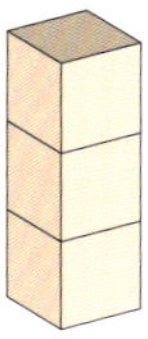

(4) | 4 |
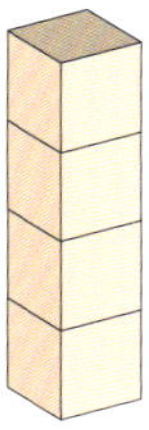

Aufgabe 2: Baue auf dem Bauplan *(Einzelne Würfel können hier direkt auf das Arbeitsblatt gelegt werden.)*

Die Zahl in der Klammer (links) zeigt Dir, wie viele Würfel Du *insgesamt* zum Nachbauen brauchst.

(2)	1	1	(3)	2	1
(4)	2	2	(4)	3	1
(3)	1	2	(6)	3	3
(2)	2	0	(3)	3	0

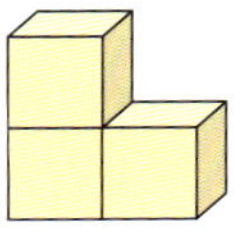

(Bsp.)

Aufgabe 3: Baue auf dem Bauplan *(auf dieser Seite kannst Du dazu selber eine Ansicht zeichnen):*

Die Zahl in der Klammer (links) zeigt Dir, wie viele Würfel Du *insgesamt* zum Nachbauen brauchst.

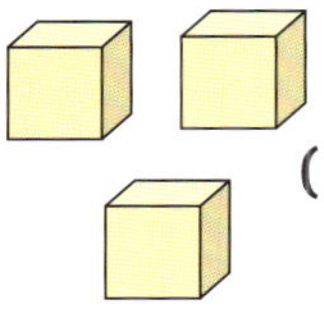

(3)

1	1	1

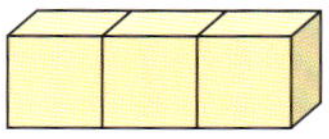

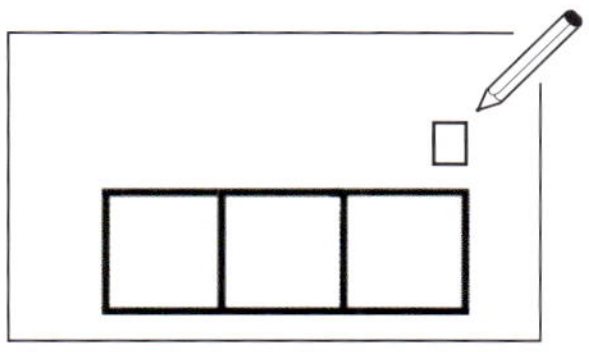

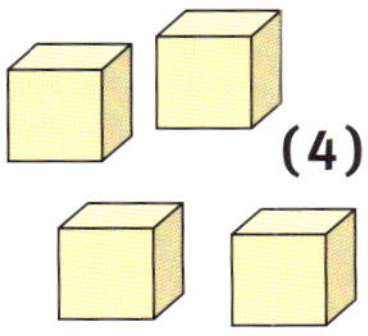

(4)

1	2	1

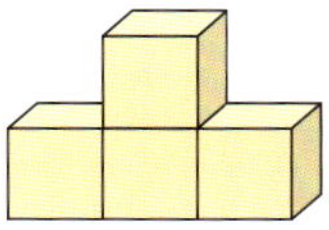

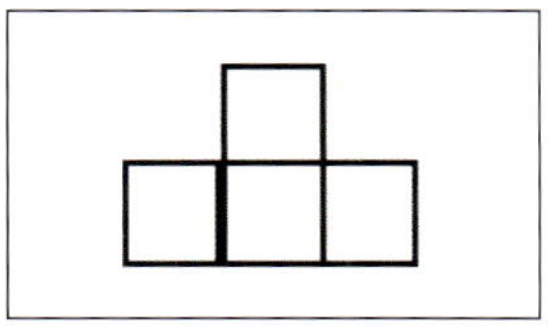

(5)

2	1	2

(6)

3	2	1

(6)

2	2	2

Achtung, bei den beiden folgenden Aufgaben bleibt ein Feld jeweils **„unbebaut"**, also frei, da im Feld eine **„0"** eingetragen ist:

(6)

3	3	0

(5)

3	2	0

■ Als Bauunterlage kopiert und laminiert direkt zum Auflegen nutzbar. ■

Aufgabe 4: Baue auf dem Bauplan *(Einzelne Würfel können hier direkt auf das Arbeitsblatt gelegt werden.)*

Die Zahl in der Klammer (links) zeigt Dir wie viele Würfel Du *insgesamt* zum Nachbauen brauchst.

(4)

1	1
1	1

(6)

2	2
1	1

(Bsp.)

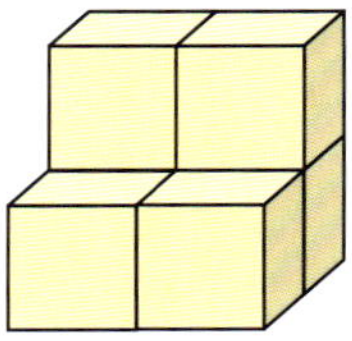

(8)

2	2
2	2

(4)

2	1
1	0

(4)

2	2
0	0

(4)

1	2
1	0

(4)

1	1
2	0

(7)

3	1
1	2

(6)

1	2
3	0

(4)

0	1
2	1

- Als Bauunterlage kopiert und laminiert direkt zum Auflegen nutzbar. ▪

2.2 Vorübungen: Baupläne lesen und schreiben (Diese Aufgaben dienen auch als Anregung, eigene Aufgaben zu gestalten.)

Vorübung 1: Finde den passenden Bauplan! Kreuze an & baue ggf. nach:

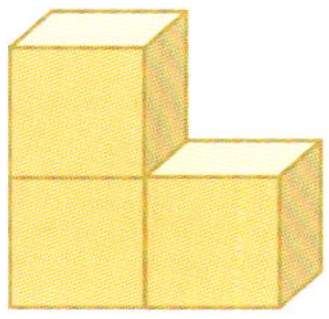

1	1

○

2	1

⊗

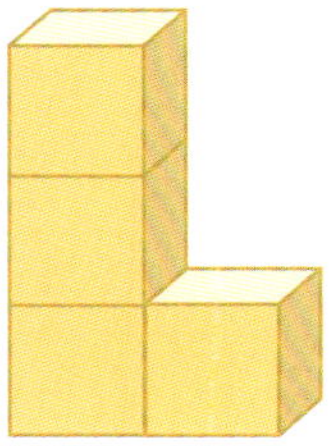

3	1

○

1	2

○

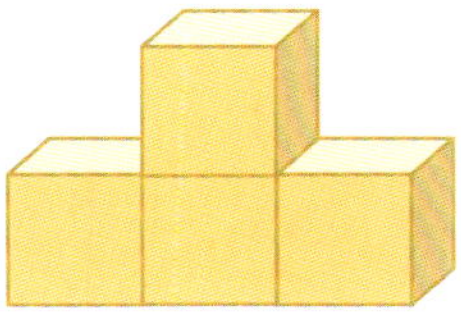

1	2	1

○

2	1	2

○

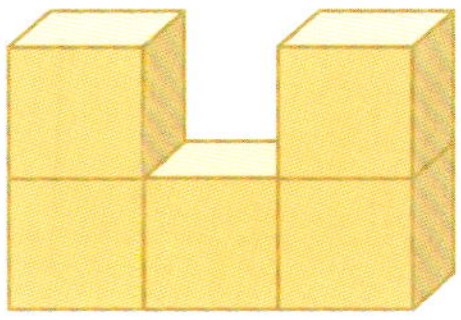

1	2	1

○

2	1	2

○

Als Bauunterlage kopiert und laminiert direkt zum Auflegen nutzbar.

2

Vorübung 2: Schreibe den Bauplan zum abgebildeten Würfel-Bauwerk:

Beispiel:

1	1

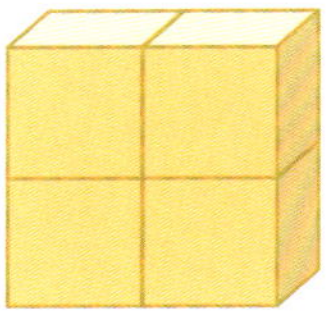

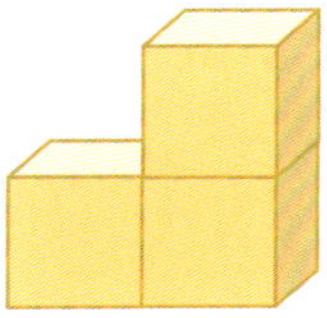

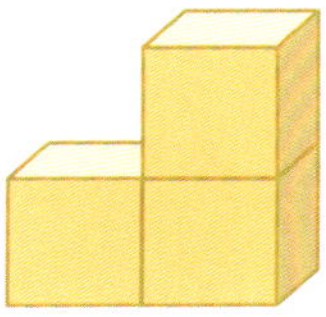

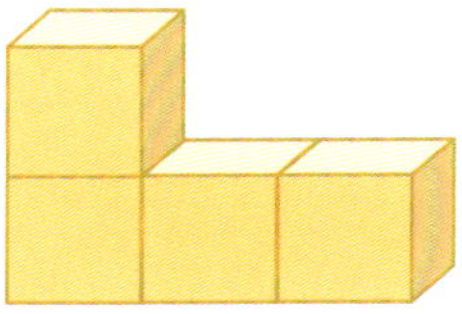

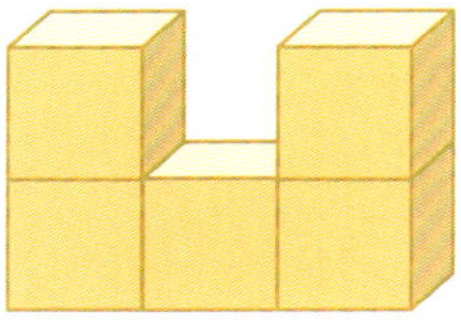

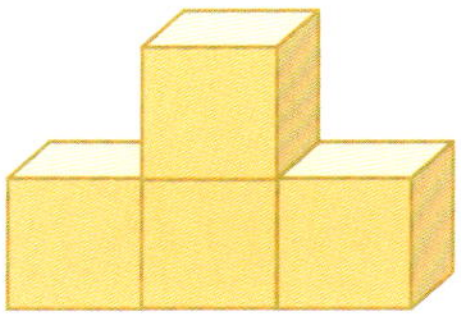

Vorübung 3: Würfel zu passendem Bauplan – Verbinde:

2

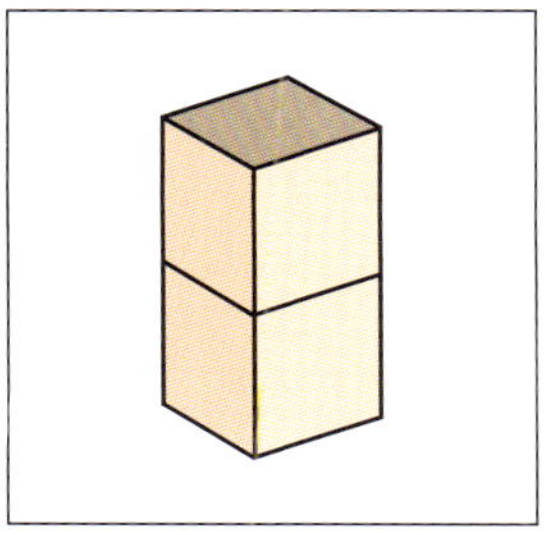

1

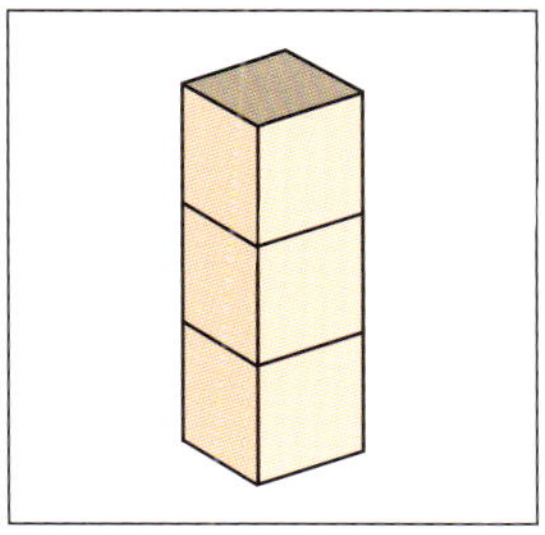

2	1

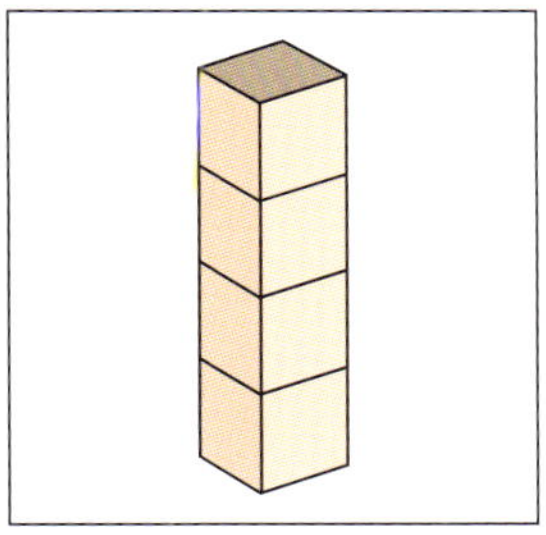

3

3	1

4

Vorübung 4: Verbinde das *liegende** *Würfel-Bauwerk* mit dem passenden Bauplan:

*

1	0
1	0
1	1

*

1	0
1	1

0	1	0
1	1	1

*

2	1
1	0

0	1	1
1	1	0

*

2	1
0	1

* Achtung: Schwieriger, da in Vorstellung erst hingelegt

2.3 Rollenkarten für ▶ Partnerarbeit „Architekt und Baumeister“

Baumeister

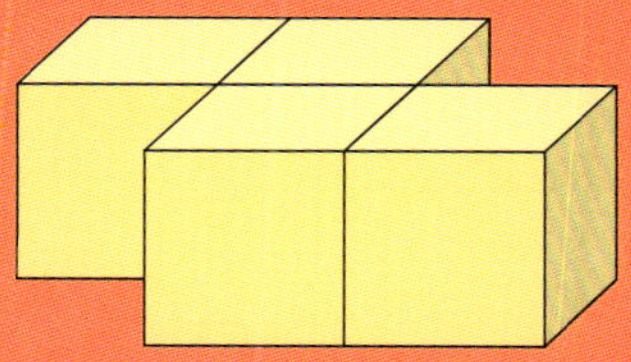

Architekt

Baumeister

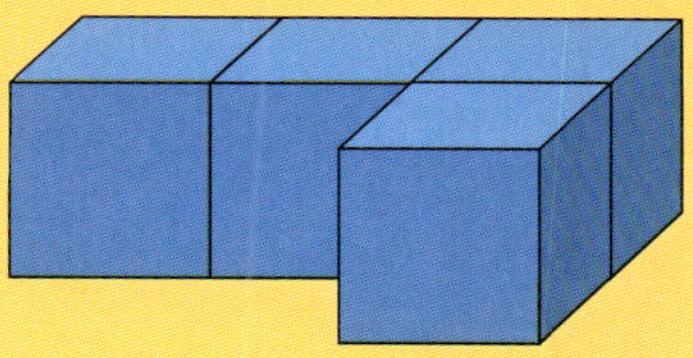

Architekt

Baumeister

Architekt

Baumeister

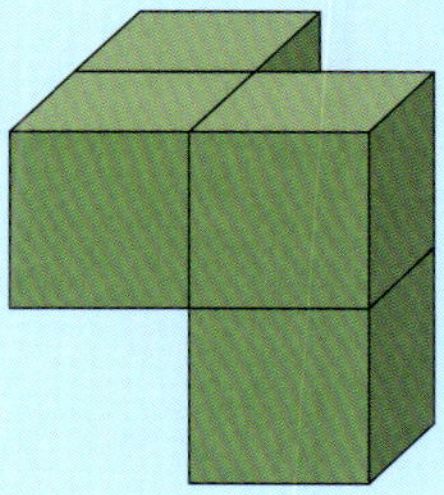

Architekt

→ *Jedes Kind zieht eine Karte; Partner einer Farbe arbeiten im Wechsel als Architekt & Baumeister*

▪ Laminieren und ausschneiden. Nutzbar für Einzel- und Partnerarbeit ▪

In diesem Unterkapitel folgt ein anspruchvolles Aufgabenformat für Einzel- und Partnerarbeit.

2.4 Übungen Architekt und Baumeister

Aufgabe 1

Baumeister ______________

1. **Baue** das Würfelgebäude nach

2. Du braucht die SOMA Teile:

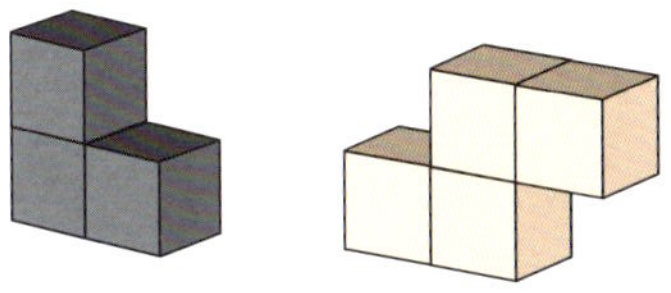

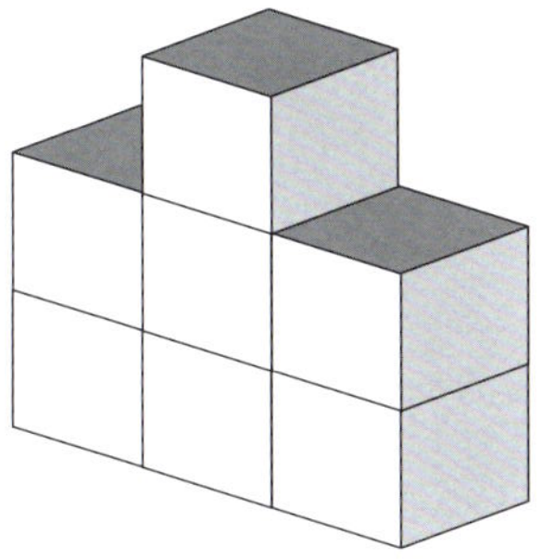

Architekt: ____________________________

3. Schreibe den **Bauplan** des Würfelgebäudes auf

Die Übungen können zuerst auch alleine umgesetzt werden!

Architekt und Baumeister

Aufgabe 2

Baumeister ______________

1. **Baue** das Würfelgebäude nach

2. Du braucht die SOMA Teile:

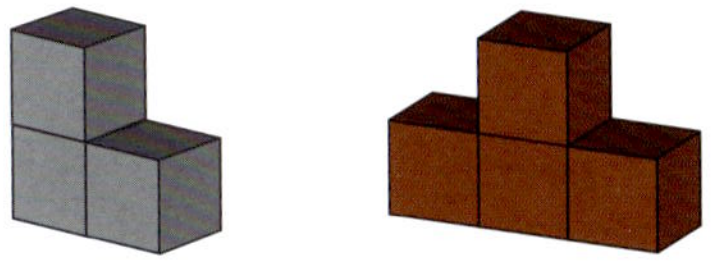

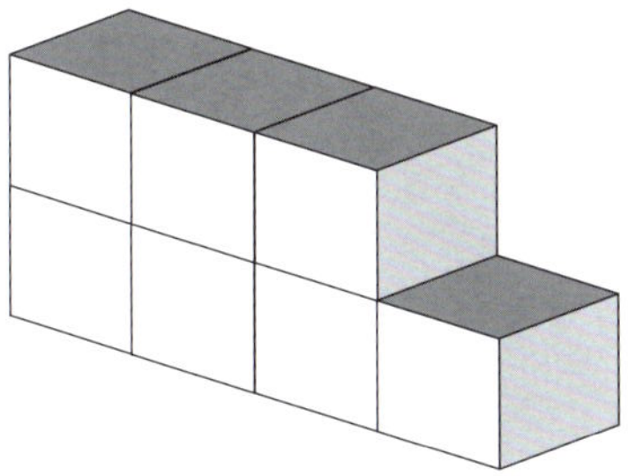

Architekt: ____________________________

3. Schreibe den **Bauplan** des Würfelgebäudes auf

Die Übungen können zuerst auch alleine umgesetzt werden!

Architekt und Baumeister

Aufgabe 3

Baumeister ______________

1. **Baue** das Würfelgebäude nach

2. Du braucht die SOMA Teile:

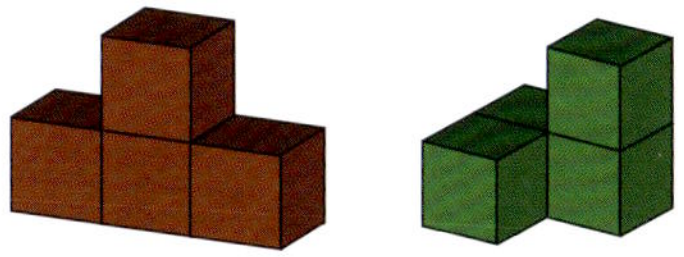

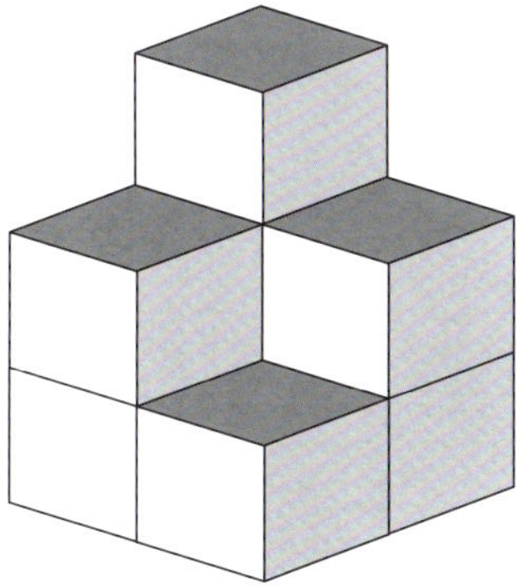

Architekt: ____________________________

3. Schreibe den **Bauplan** des Würfelgebäudes auf

Die Übungen können zuerst auch alleine umgesetzt werden!

Architekt und Baumeister

Aufgabe 4

Baumeister ______________

1. **Baue** das Würfelgebäude nach

2. Du braucht die SOMA Teile:

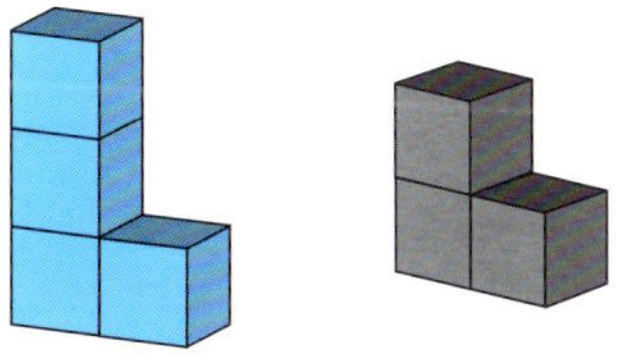

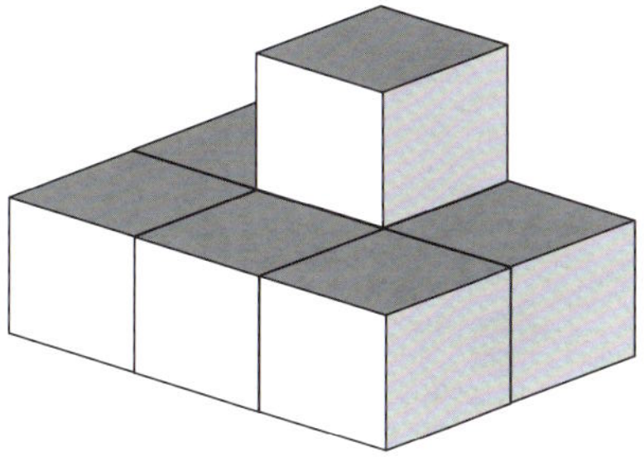

Architekt: ____________________________

3. Schreibe den **Bauplan** des Würfelgebäudes auf

Die Übungen können zuerst auch alleine umgesetzt werden!

Architekt und Baumeister

Aufgabe 5

Baumeister ______________

1. **Baue** das Würfelgebäude nach

2. Du braucht die SOMA Teile:

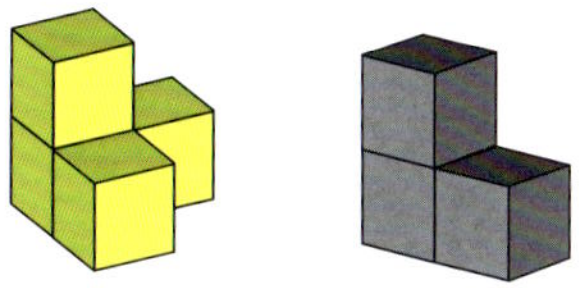

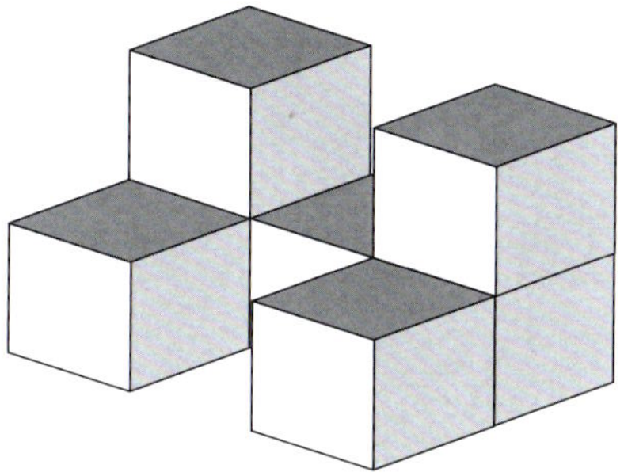

Architekt: ____________________________

3. Schreibe den **Bauplan** des Würfelgebäudes auf

Die Übungen können zuerst auch alleine umgesetzt werden!

Architekt und Baumeister

Aufgabe 6

Baumeister ______________

1. **Baue** das Würfelgebäude nach

2. Du braucht die SOMA Teile:

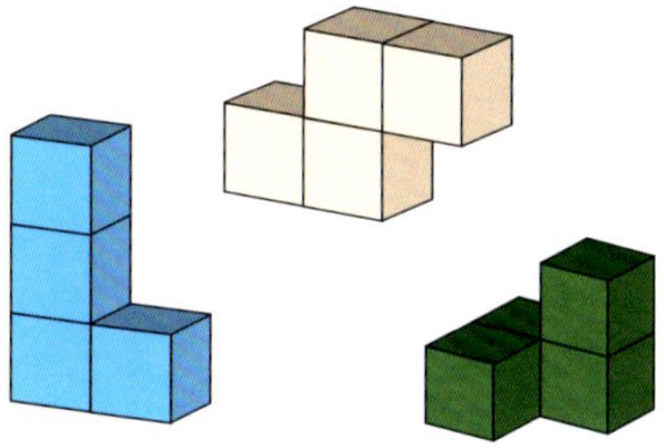

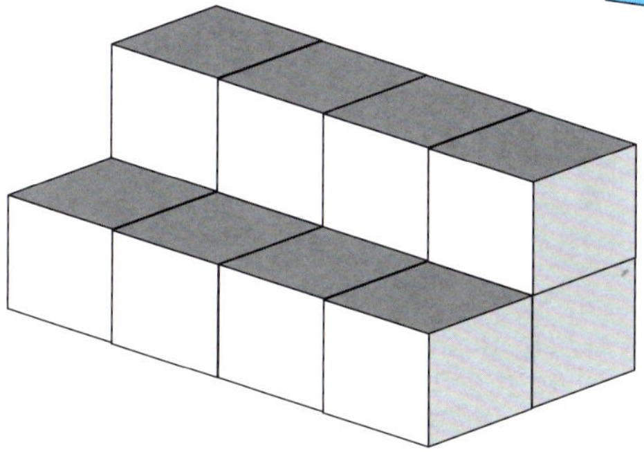

Architekt: ____________________________

3. Schreibe den **Bauplan** des Würfelgebäudes auf

Die Übungen können zuerst auch alleine umgesetzt werden!

Aufgabe 7

Baumeister ______________

1. **Baue** das Würfelgebäude nach

2. Du braucht die SOMA Teile:

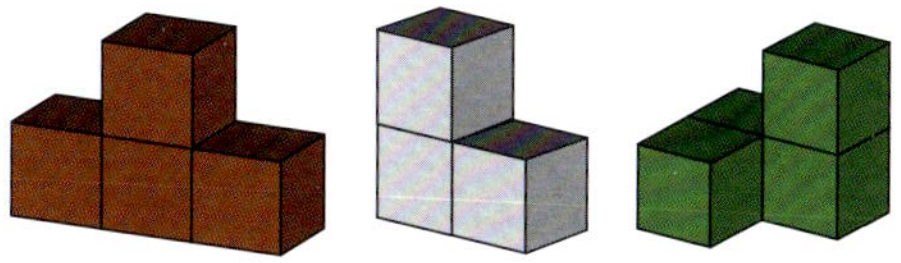

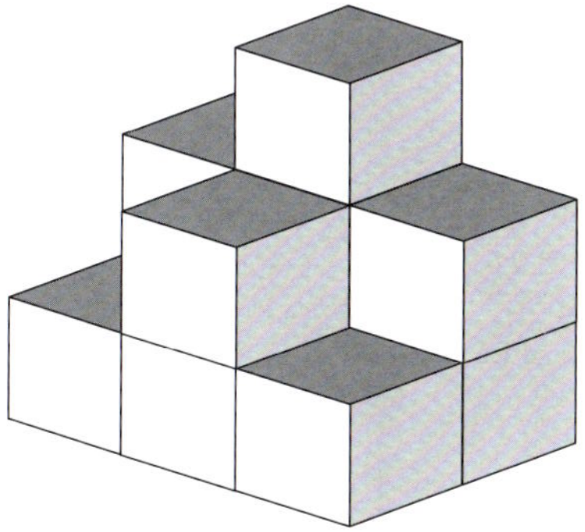

Architekt: ______________________________

3. Schreibe den **Bauplan** des Würfelgebäudes auf

Die Übungen können zuerst auch alleine umgesetzt werden!

Architekt und Baumeister

Aufgabe 8

Baumeister ______________

1. **Baue** das Würfelgebäude nach

2. Du braucht die SOMA Teile:

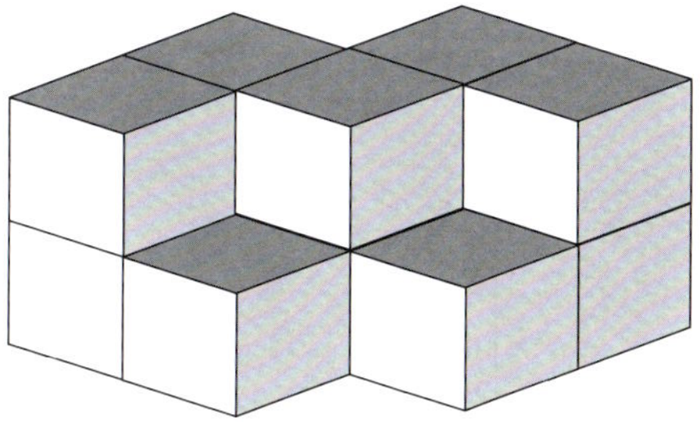

Architekt: ______________________________

3. Schreibe den **Bauplan** des Würfelgebäudes auf

Die Übungen können zuerst auch alleine umgesetzt werden!

Architekt und Baumeister

Aufgabe 9

Baumeister ______________

1. **Baue** das Würfelgebäude nach

2. Du brauchst die SOMA Teile:

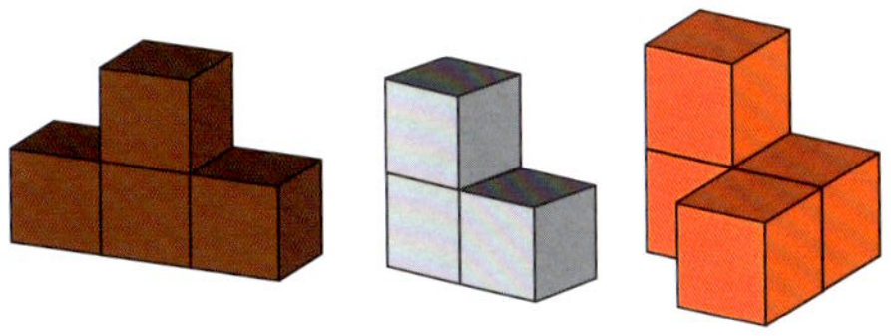

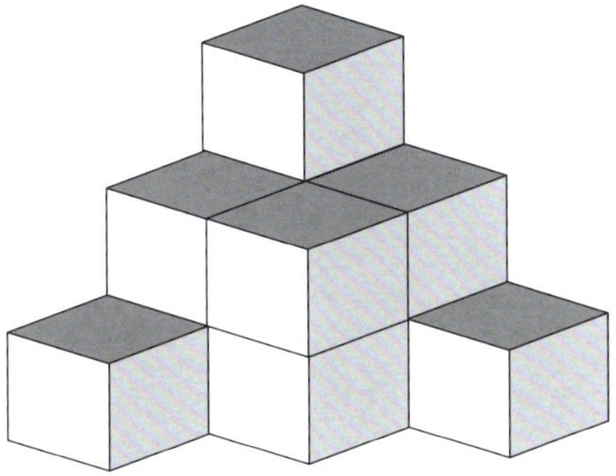

Architekt: ____________________________

3. Schreibe den **Bauplan** des Würfelgebäudes auf

Die Übungen können zuerst auch alleine umgesetzt werden!

Architekt und Baumeister

Aufgabe 10

Baumeister ______________

1. **Baue** das Würfelgebäude nach

2. Du brauchst die SOMA Teile:

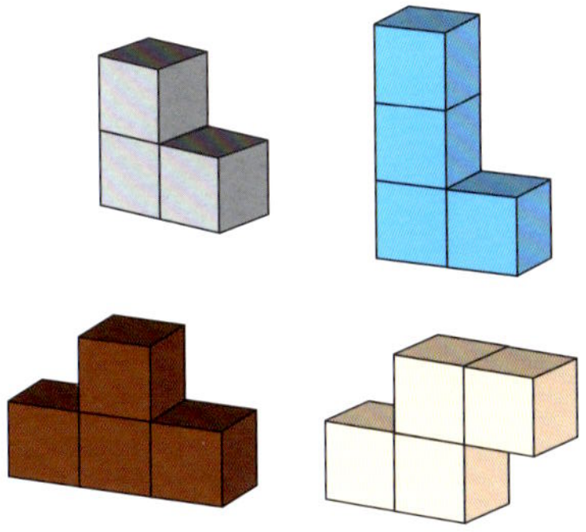

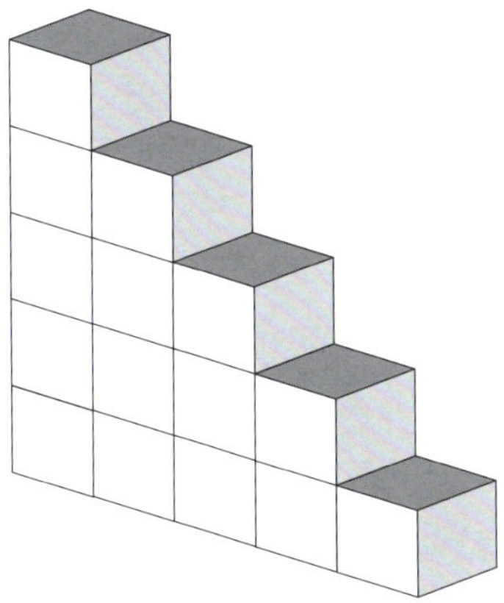

Architekt: ____________________________

3. Schreibe den **Bauplan** des Würfelgebäudes auf

Die Übungen können zuerst auch alleine umgesetzt werden!

3. Vom Würfel zum SOMA-Würfel (einfacher Zugang)

Wie bereits in Kapitel 1 am Ende beschrieben, setzt sich der SOMA-Würfel aus 7 verschiedenen Teilen zusammen, die jeweils aus mehreren Einzelwürfeln unterschiedlich markant zusammengesetzt sind. Neben ihrer markanten Form sind sie auch unterschiedlich eingefärbt, damit sie besser unterschieden werden können. Zudem reizt die farbliche Gestaltung, verschiedenste Kombinationen auszuprobieren und sie schult damit zusätzlich das räumliche Vorstellungsvermögen.

Im Handel gibt es sowohl naturfarbene **Einzelwürfel** zum **freien Bauen** und zum Herstellen eigener SOMA-Teile, als auch naturfarbene oder farbige ganze SOMA-Würfel. Inzwischen werden diese oft in einem Beutel oder in einer kleinen Box zur Aufbewahrung mit den jeweils 7 zusammengehörigen Teilen für einen SOMA-Würfel (s. u., vgl. S. 12) geliefert.

Bei genügend Geschick lassen sich aus den Einzelwürfeln gut die einzelnen SOMA-Teile zusammenfügen/-kleben, um sich die jeweils markante Form besser zu erschließen. Ein Einfärben durch die SchülerInnen mit Hilfe ihrer Tuschfarben hat sich als gut umsetzbar erwiesen. Die Farben der einzelnen SOMA-Teile sind (leider) nicht einheitlich vorgegeben, so dass empfohlen wird, im Falle eines Kaufs zusätzlicher Aufgabenhefte unbedingt vom gleichen Verlag auch die Würfel zu erstehen, damit konkretes Übungsmaterial und Arbeitsblätter auch farblich von der Lösung her zusammenpassen.

Die Übungen in diesem Heft beziehen sich auf folgende Farbgebung:

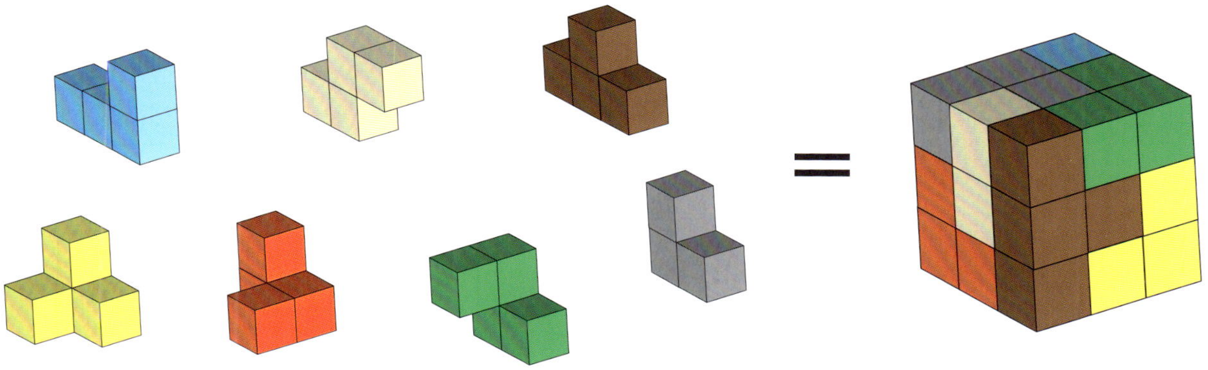

Wie beim näheren Betrachten zu erschließen ist, können sich einige Teile leichter von ihrer Form her gemerkt werden, da sie z.B. einem liegenden **„L“** ähneln ***(blau)***, einem **„S“** ***(natur)***, einer Art **„Siegertreppchen“** ***(braun)***, einer **„einfachen Ecke“** ***(schwarz)*** oder einer **„stabileren Ecke“** ***(gelb)***. Zwei Teile, die **„ein wenig um die Ecke“** zu zeigen scheinen ***(rot und grün)*** sind **spiegelgleich;** dies sind alles bedeutsame Merkmale, welche beim Zusammensetzen des SOMA-Würfels eine Rolle spielen, und die Kenntnis darüber stellt eine gute Hilfe bei der Lösungsfindung dar. Die folgende Übung führt zu den spezifischen Merkmalen der einzelnen Teile (Arbeitsblatt mit Bauhilfe).

3.1 Die Einzelteile des SOMA-Würfels (Grundlage)

Vorübung I (Turmbau)

Welchen Turm kannst du mit 3 Würfeln bauen? Zeige auf das passende Bild und prüfe!

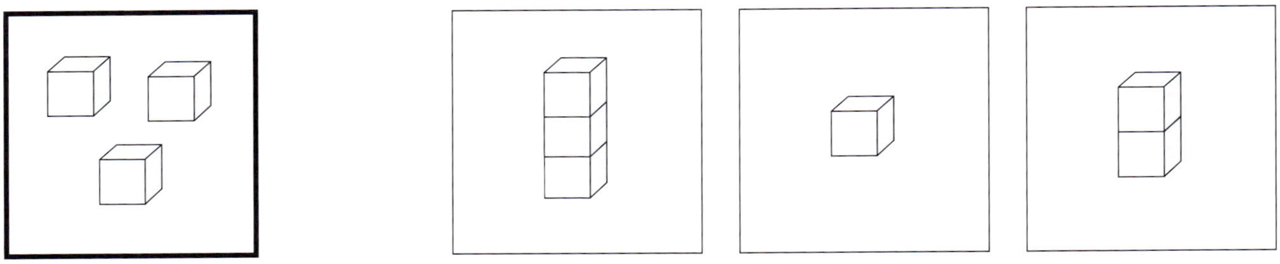

Wie viele Würfel brauchst du für diesen Turm?

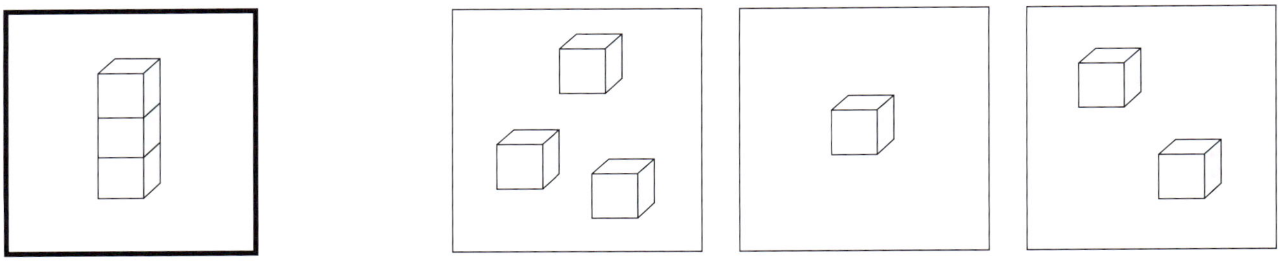

Vorübung II (Turmbau)

Welchen Turm kannst du mit 4 Würfeln bauen? Zeige auf das passende Bild und prüfe!

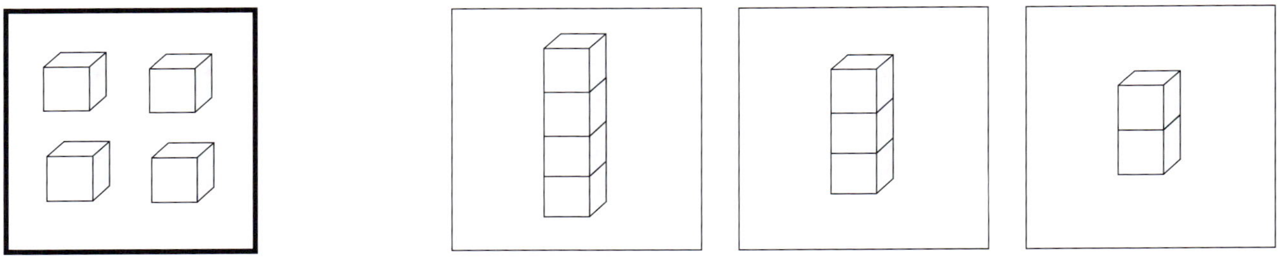

Wie viele Würfel brauchst du für diesen Turm?

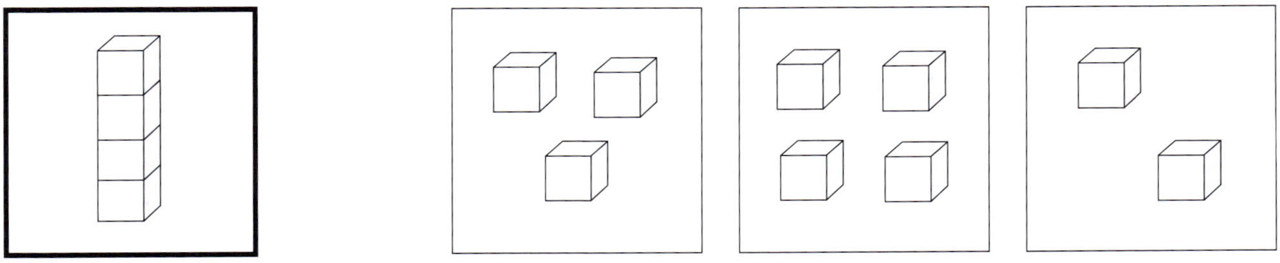

3.2 Von den Würfeln zu den SOMA-Teilen

Vorübung III Zum Kennenlernen der einzelnen SOMA-Teile

Wie viele Würfel brauchst du für die einzelnen SOMA-Teile? Baue nach!

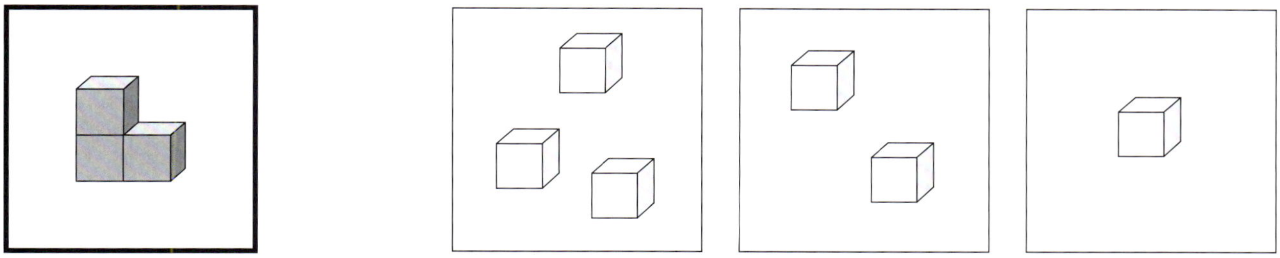

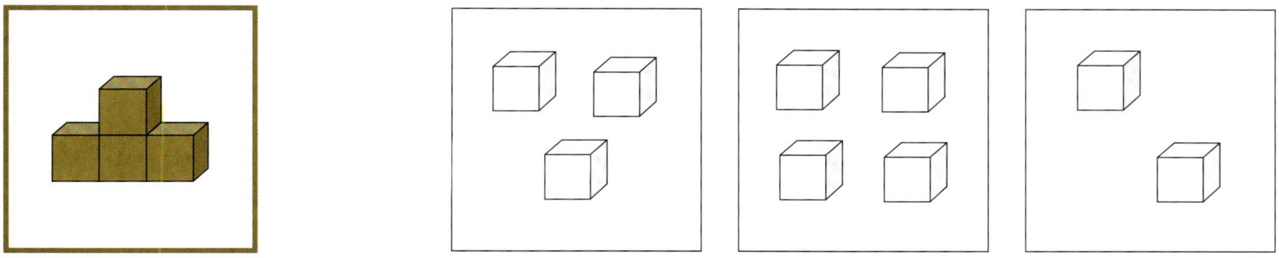

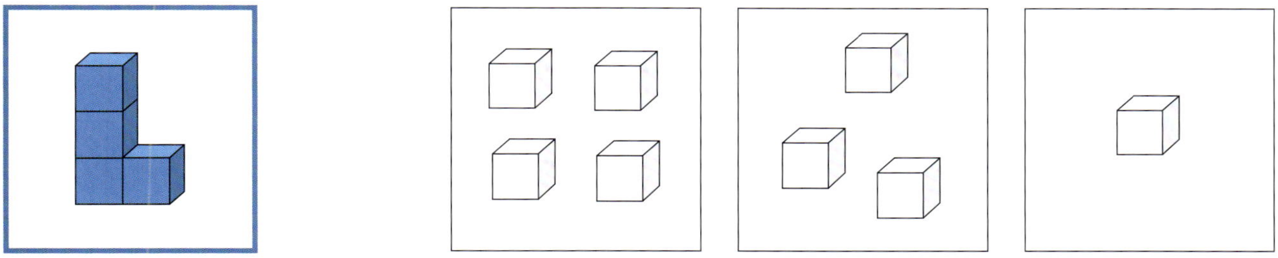

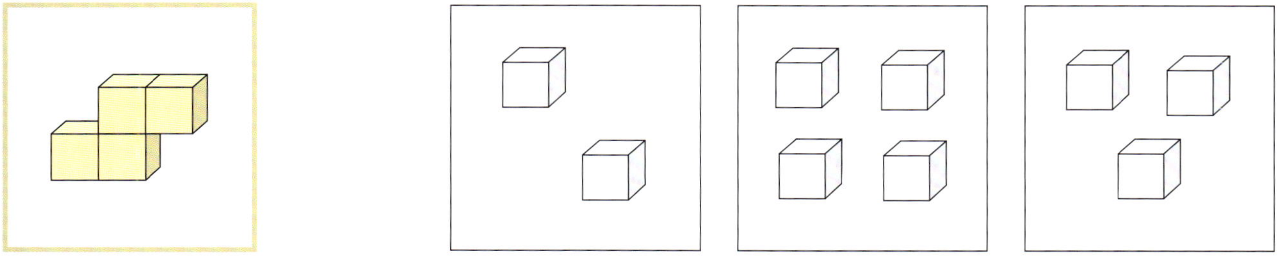

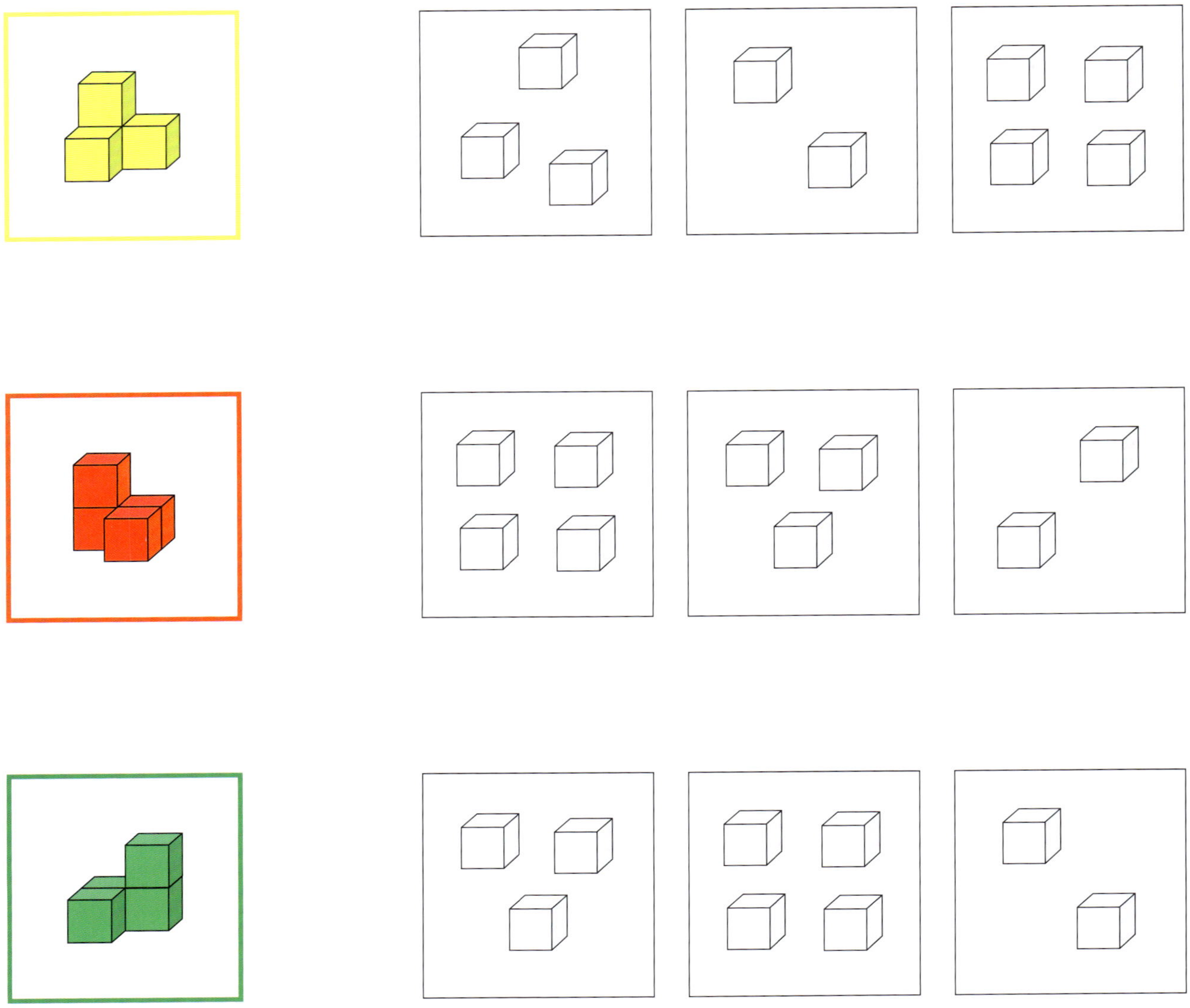

Fazit:

Ein SOMA-**Würfel** setzt sich aus insgesamt **7 einzelnen** SOMA-**Teilen** zusammen. Jedes SOMA-Teil zeichnet sich durch seine ganz bestimmte eigene charakteristische Form aus. Wir setzen die einzelnen Würfel als Vorübung erst zu den einzelnen SOMA-Teilen zusammen, um den eigenen Blick für die jeweils spezifischen Merkmale zu schulen (vgl. S. 27 unten).

Arbeitsblatt A **Somateil (bunt) zu Somateil (bunt) verbinde:**

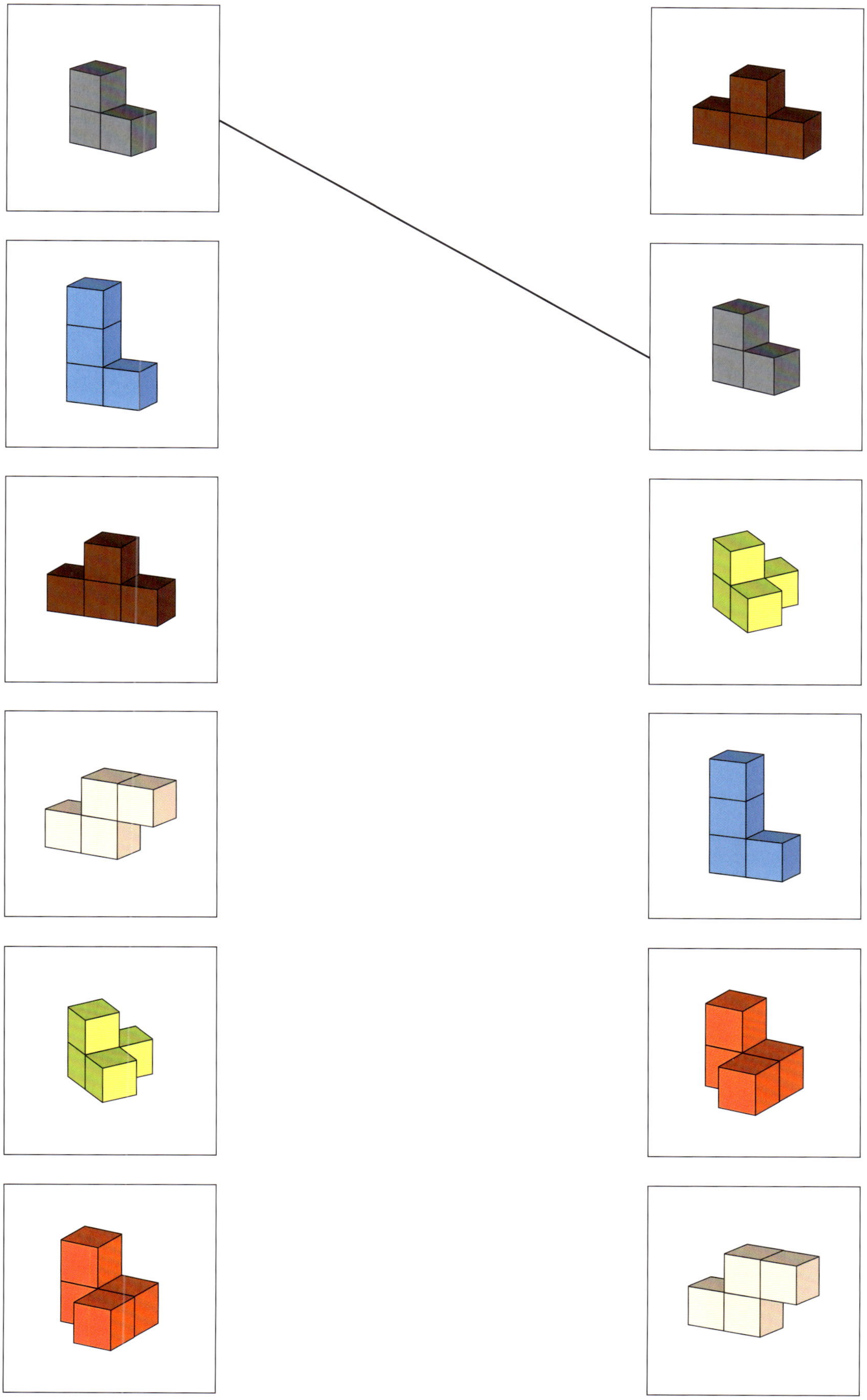

Arbeitsblatt B **Somateil (natur) zu Somateil (natur) verbinde:**

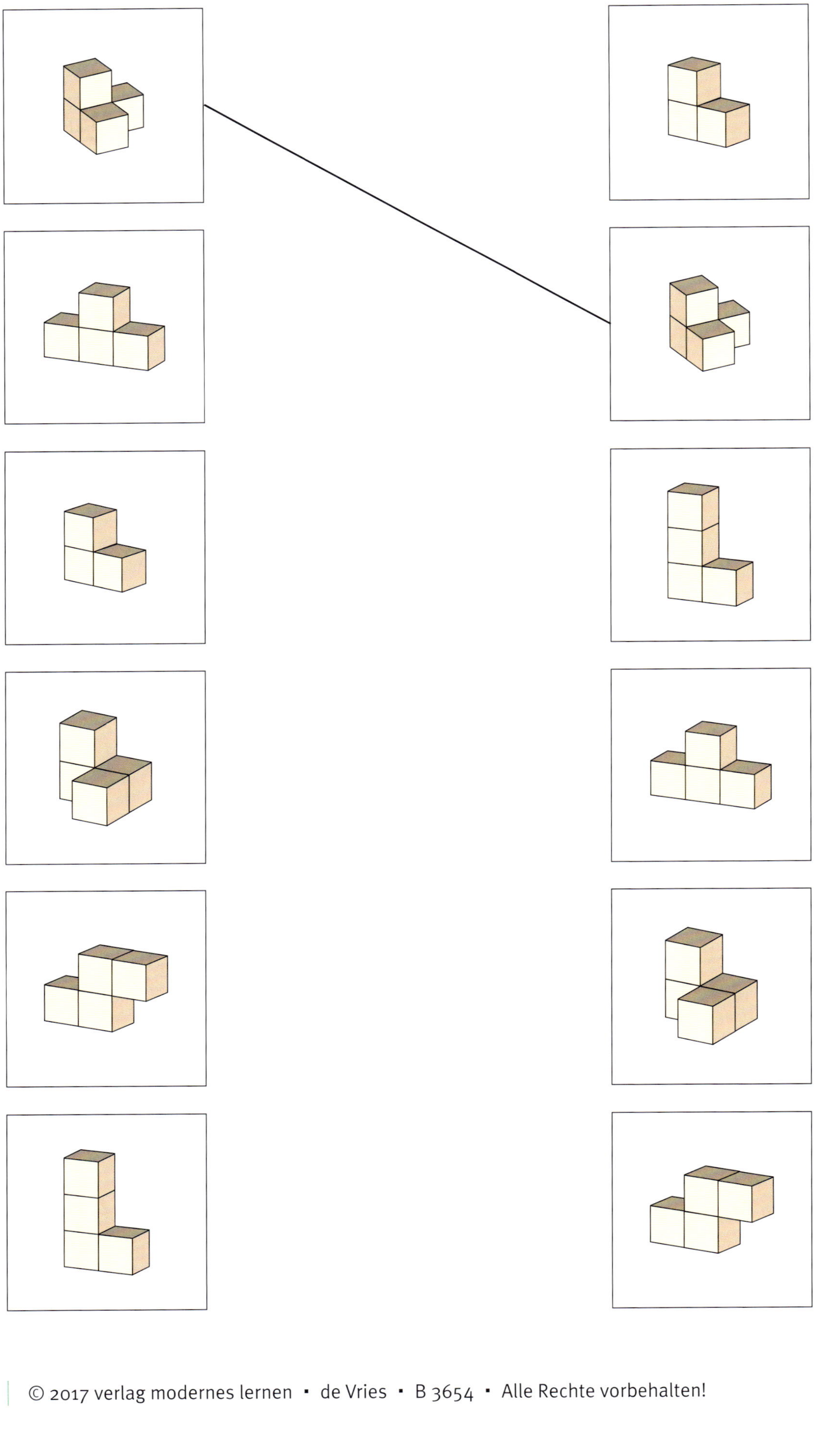

Arbeitsblatt C (Blankovorlage)

Verbinde:

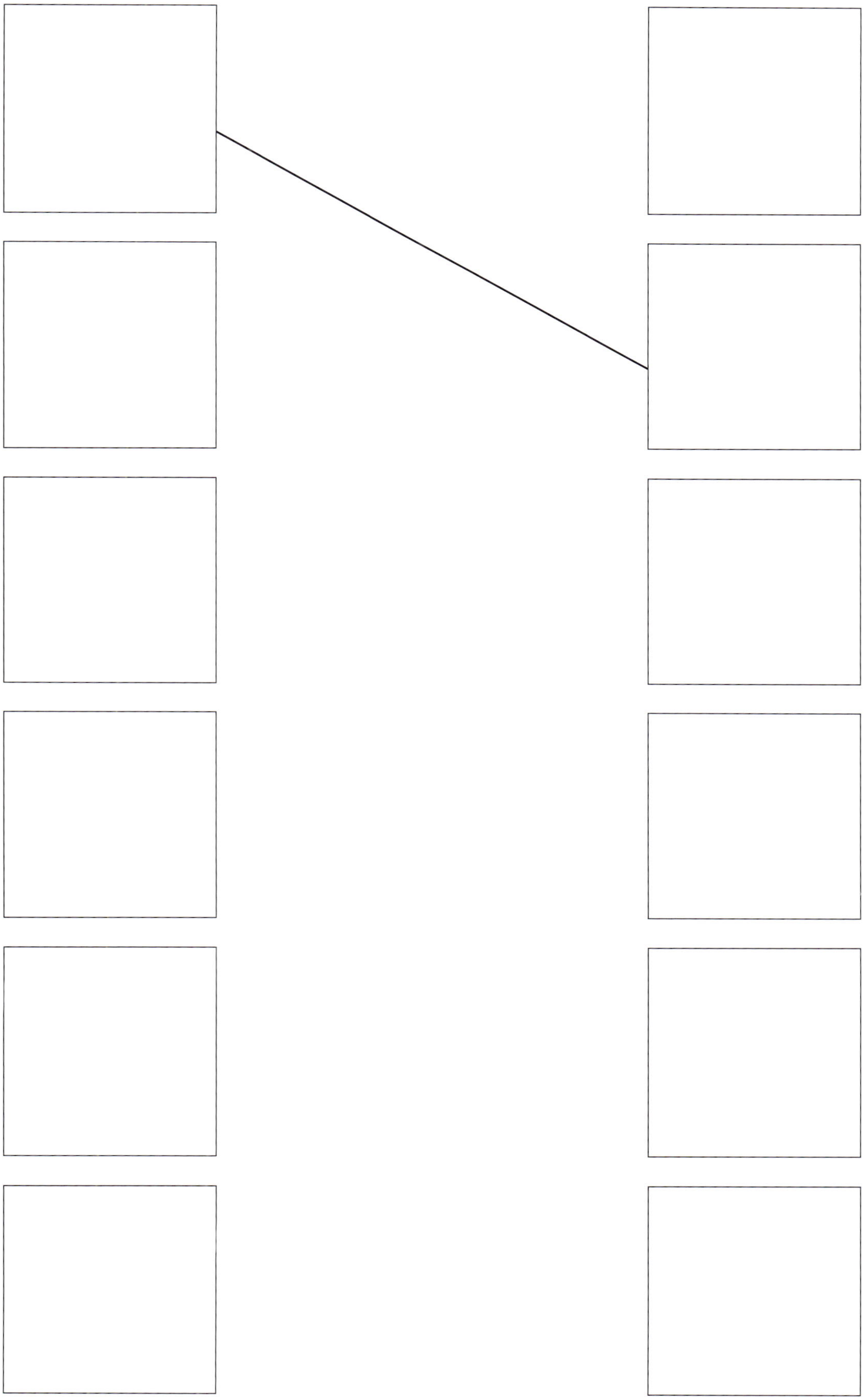

Mit Hilfe der beigefügten Abbildungen auf der CD sind vielseitige Aufgabenstellungen möglich, z. B.:
„Verbinde das bunte SOMA-Teil mit dem passenden naturfarbenen SOMA-Teil rechts“ oder „Verbinde die Bilder mit den gleichen Würfeltürmen miteinander“. Grundsätzlich gilt, dass das Verbinden gleicher Bilder einfacher ist als eine sinnvolle Verbindung zwischen Kombinationen unterschiedlicher Abbildungen. (Die Aufgabenstellung geben Sie durch das erste Bild mit der vorgegebenen Linie zur entsprechenden Lösung auf der rechten Seite als Orientierung vor.)

3.3 Beispielaufgaben für Stationsarbeit

- Übungen mit dem **Tastsack:**

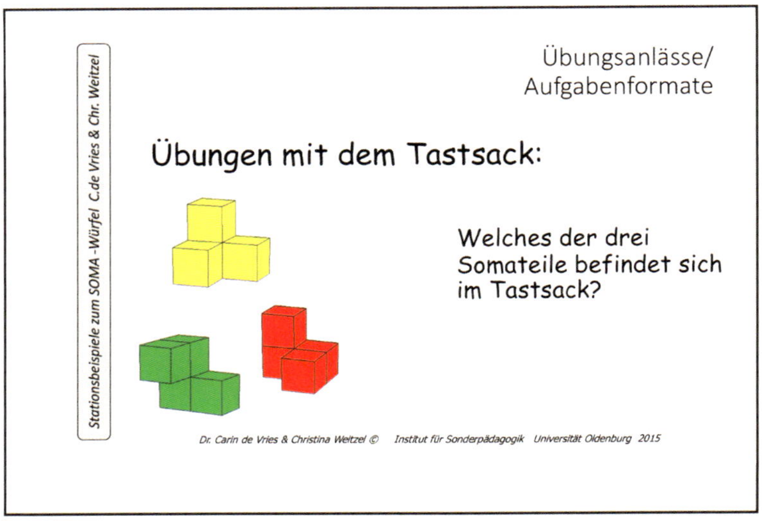

Beispiele für weitere mögliche Aufgabenstellungen:

- Suche aus zwei Tastbeuteln gleichzeitig das gleiche SOMA-Teil heraus
- Ordne das ertastete SOMA-Teil dem passenden Bild/der passenden Zeichnung zu und male es ggf. mit „seiner Farbe" an. Ersatz: Fingerfarbe oder Farbstempel

Innere Differenzierung:

- ordne es **a)** konkretem Teil, **b)** Foto/Bild oder **c)** Bauplan zu
- Welches Teil ist doppelt/dreimal im Tastsack?

Variation mit z.B. frei zusammengeleimten Einzelwürfel-Bauwerken: ▸

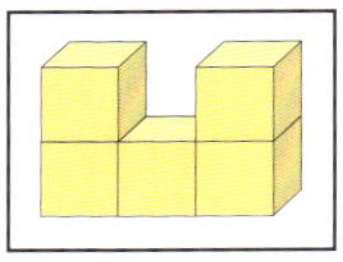

- Ertaste eine vorgegebene Form im Tastsack und ordne sie:

a) einem gleichen konkreten Bauwerk, **b)** einem Foto/Bild oder **c)** Bauplan zu

Mit Tesa an der linken Seite befestigter Abdeckstreifen (darunter befinden sich Hilfezeichnung oder Lösung zur Selbstkontrolle)

Mit Hilfe eines Grafikprogrammes (z. B. **Sketch up**, sehr gute und bedienerfreundliche schrittweise Anleitung im Internet) lassen sich zahlreiche, individuell angepasste Würfelbauten und Einfärbungen für eigene Lerngruppen vornehmen, so dass neben den hier abgebildeten Karten auch selbstentworfene Aufgaben als Stationskarten verwendet werden können.

- **Bauen mit Hilfen**, dann unteren Teil abdecken und alleine versuchen:

Tipp: Laminieren und unteren Teil mit einem Blatt abdecken oder einen kleinen farbigen Abdeckstreifen mit Tesafilm links zum Aufklappen nach Bedarf befestigen (vgl. Abb. auf Seite 34, grüner Streifen zum Abdecken und Aufdecken als Hilfe [links mit Tesa ankleben]). Alternativ: Lösung auf Rückseite.

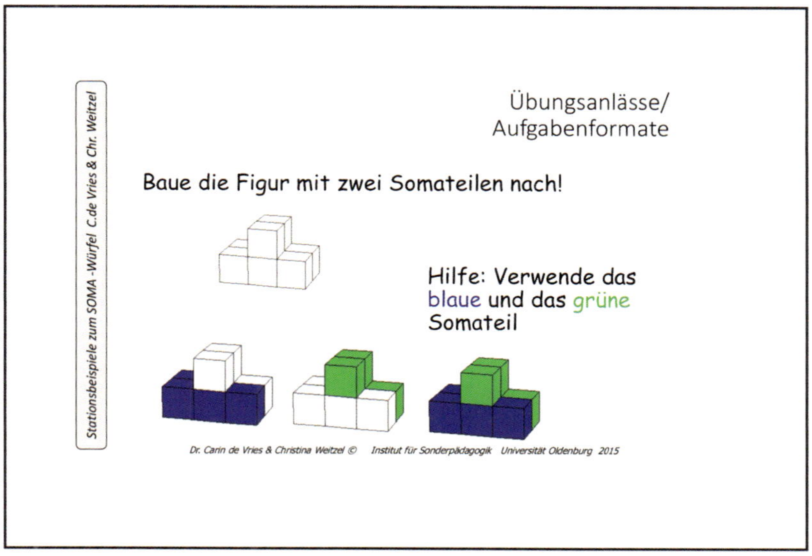

- **Bauen nach Plan** erst mit **Einzelwürfeln**, dann mit SOMA-**Teilen**:

Diese Übungen beziehen sich auf die Einführungen in Kapitel 2 und bieten in der Regel sehr gute Vertiefungsmöglichkeit an, die vielseitig zu differenzieren sind (kombinierbar mit Abdeckstreifen, s. o.).

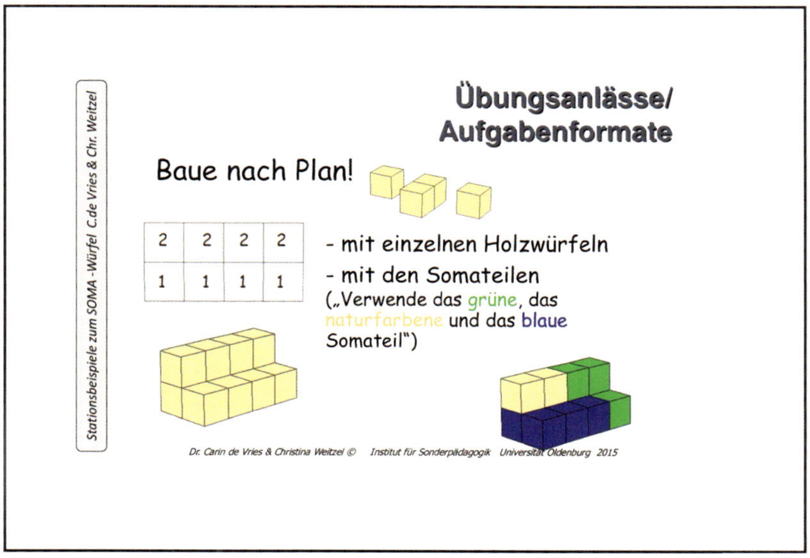

- **Beschreiben aus verschiedenen Perspektiven** und **Ansichten anmalen:**

Stelle Dir vor, Du würdest z. B. von oben wie ein Vogel darauf schauen, wie sähe es aus? (oder von vorne, von hinten, von der Seite rechts, von der Seite links)
Male die jeweiligen Ansichten als Bauplan farbig aus!

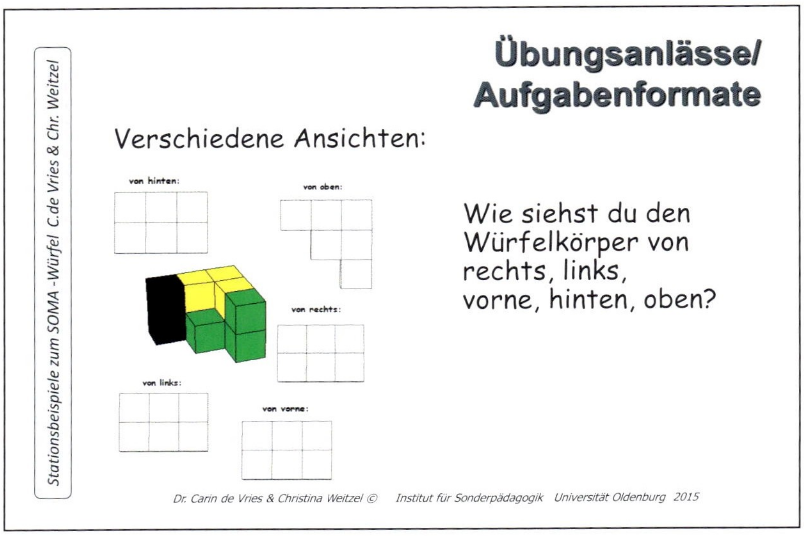

Ein SOMA-Würfel lässt sich auch mit Hilfe einer Seitenansicht nachbauen:

- Hier ein Beispiel für eine Weiterführung zu einem anspruchsvollen Memory:

Vereinfachung: Nur zwei Teile kombiniert als Abbildung statt eines komplexen SOMA-Würfels darstellen und als Memory kombinieren (vgl. S. 57 f.).

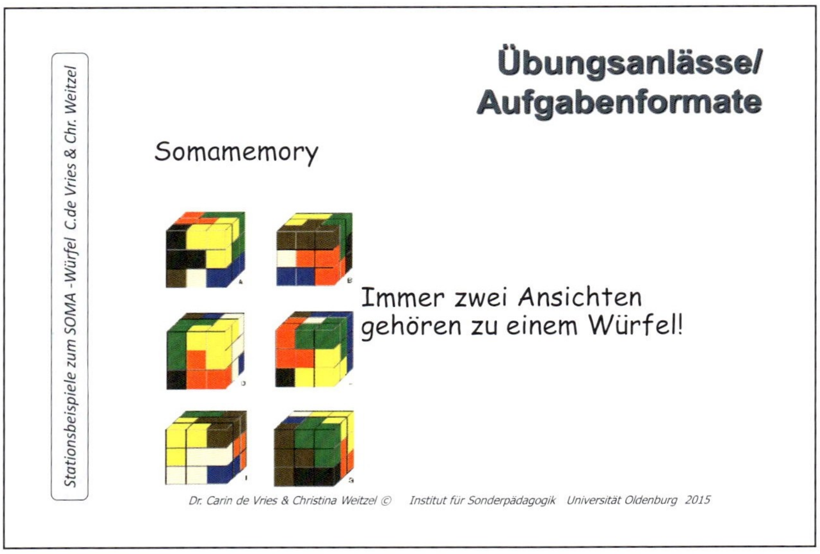

Weitere Spiele und Materialien zum Laminieren und Ausschneiden im Kapitel 4: Beispielaufgaben für Domino, Lotto, Memory in verschiedenen Aufgabenformaten und Schwierigkeitsstufen finden sich auf den Seiten 39–67 zum direktem Einsatz. Die Rückseiten sind jeweils farbig zum leichteren Sortieren nach der Förderung markiert. Individuelle Aufgabenmappen mit Klettband, wie z. B. bei Solzbacher (2016) beschrieben sind, können für SchülerInnen mit feinmotorischen Schwierigkeiten hilfreich sein.

4. Liste – Materialien und Spielvorlagen zum Laminieren

4.1 Domino-Spielvorlagen

4.1 a Domino-Würfeltürme naturfarben

4.1 b Domino-SOMA einzelne Teile

4.1 c Domino-SOMA kombinierte Teile

4.1 d Domino-Make'n Break

4.2 Lotto-Spielvorlagen

4.2 a Lotto-SOMA einzelne Teile farbig

4.2 b Lotto-SOMA einzelne Teile naturfarben

4.2 c Lotto-SOMA kombinierte Teile farbig

4.2 d Lotto-Make'n Break farbig

4.2 e Lotto-Blanko

4.3 Memory-Spielvorlagen

4.3 a Memory-Würfeltürme naturfarben

4.3 b Memory-SOMA einzelne Teile

4.3 c Memory-SOMA kombinierte Teile farbig

4.3 d Memory-Make'n Break farbig

4.3 e Reserve-Make'n Break Zusatz-Übungen – Teil 1

4.3 f Reserve-Make'n Break Zusatz-Übungen – Teil 2

4.4 Arbeitskarten zum Laminieren und Üben

1+2 – Doppelbank und Doppelsessel

3+4 – Lastwagen und Hund

5+6 – Brücke und Burgmauer

7+8 – Dromedar und Thron

9+10 – Große Bank und Quader

11+12 – Guckloch und Dreierbank

13+14 – Mauer und Trainerbank

15+16 – Treppe und „eigenes Bauwerk"

Die Rückseiten sind jeweils für jede Spielart besonders farbig markiert: Domino (blau), Lotto (gelb), Memory (pink) und Arbeitskarten (hellblau)

Die folgenden Spiel- und Übungsblätter können herausgetrennt und laminiert werden; so sind sie auch ohne Kopieren oder Ausdruck direkt einsetzbar.

4.1a Domino – Würfeltürme

4.1a Rückseite – Würfeltürme naturfarben

Domino-1a Domino-1a Domino-1a
Domino-1a Domino-1a Domino-1a
Domino-1a Domino-1a Domino-1a
Domino-1a Domino-1a Domino-1a
Domino-1a Domino-1a Domino-1a
Domino-1a Domino-1a Domino-1a
Domino-1a Domino-1a Domino-1a
Domino-1a Domino-1a Domino-1a
Domino-1a Domino-1a Domino-1a
Domino-1a Domino-1a Domino-1a
Domino-1a Domino-1a Domino-1a
Domino-1a Domino-1a Domino-1a
Domino-1a Domino-1a Domino-1a
Domino-1a Domino-1a Domino-1a
Domino-1a Domino-1a Domino-1a
Domino-1a Domino-1a Domino-1a
Domino-1a Domino-1a Domino-1a
Domino-1a Domino-1a Domino-1a
Domino-1a Domino-1a Domino-1a
Domino-1a Domino-1a Domino-1a
Domino-1a Domino-1a Domino-1a
Domino-1a Domino-1a Domino-1a
Domino-1a Domino-1a Domino-1a
Domino-1a Domino-1a Domino-1a
Domino-1a Domino-1a Domino-1a

4.1b Domino – SOMA einzelne Teile

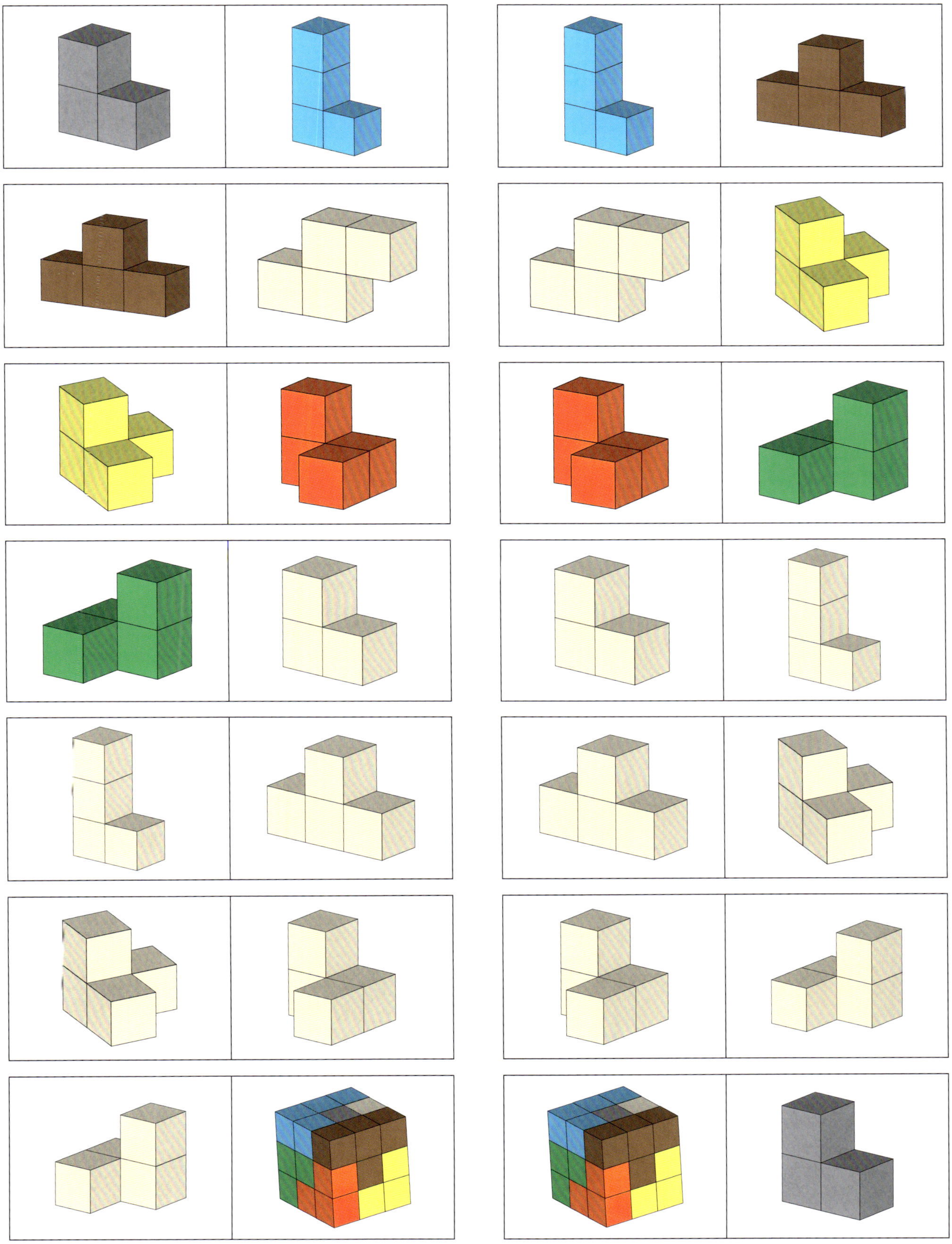

Rückseite – Domino SOMA einzelne Teile

Domino-1b Domino-1b Domino-1b
Domino-1b Domino-1b Domino-1b
Domino-1b Domino-1b Domino-1b
Domino-1b Domino-1b Domino-1b
Domino-1b Domino-1b Domino-1b
Domino-1b Domino-1b Domino-1b
Domino-1b Domino-1b Domino-1b
Domino-1b Domino-1b Domino-1b
Domino-1b Domino-1b Domino-1b
Domino-1b Domino-1b Domino-1b
Domino-1b Domino-1b Domino-1b
Domino-1b Domino-1b Domino-1b
Domino-1b Domino-1b Domino-1b
Domino-1b Domino-1b Domino-1b
Domino-1b Domino-1b Domino-1b
Domino-1b Domino-1b Domino-1b
Domino-1b Domino-1b Domino-1b
Domino-1b Domino-1b Domino-1b
Domino-1b Domino-1b Domino-1b
Domino-1b Domino-1b Domino-1b
Domino-1b Domino-1b Domino-1b
Domino-1b Domino-1b Domino-1b
Domino-1b Domino-1b Domino-1b
Domino-1b Domino-1b Domino-1b
Domino-1b Domino-1b Domino-1b

4.1c Domino – SOMA kombinierte Teile

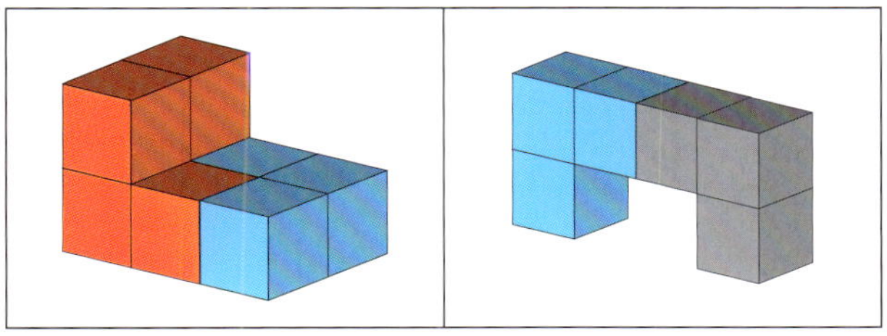
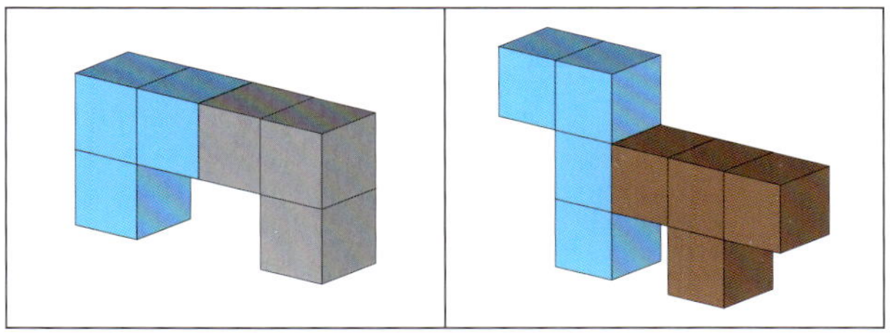
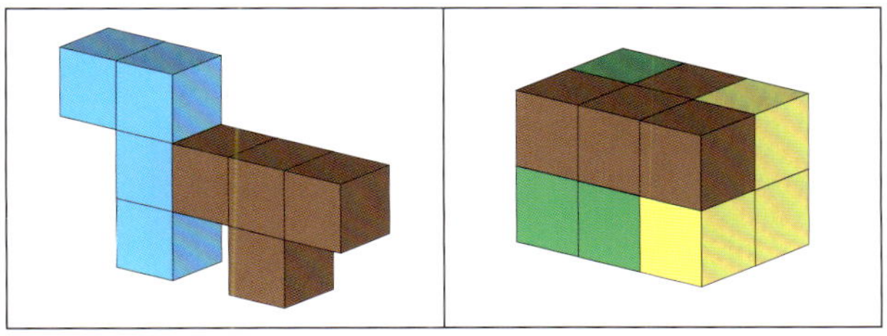
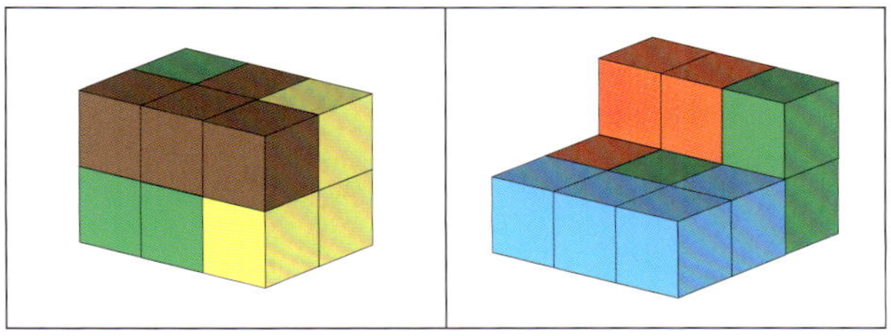
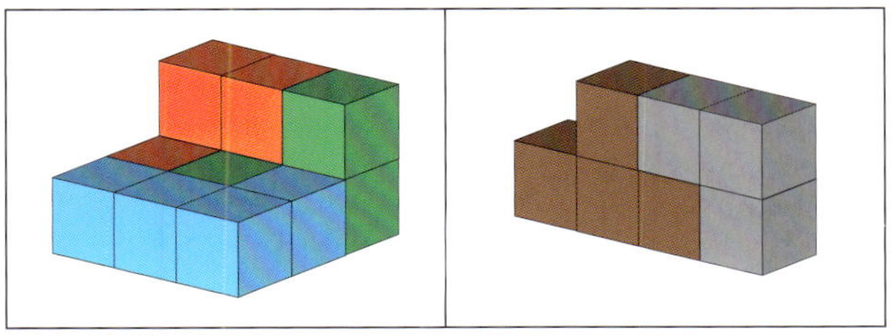
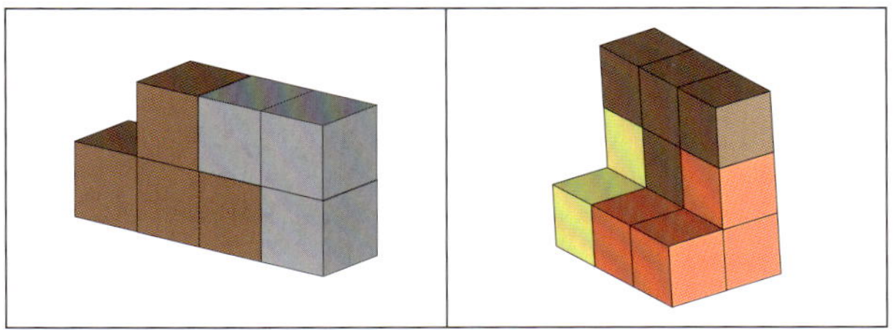
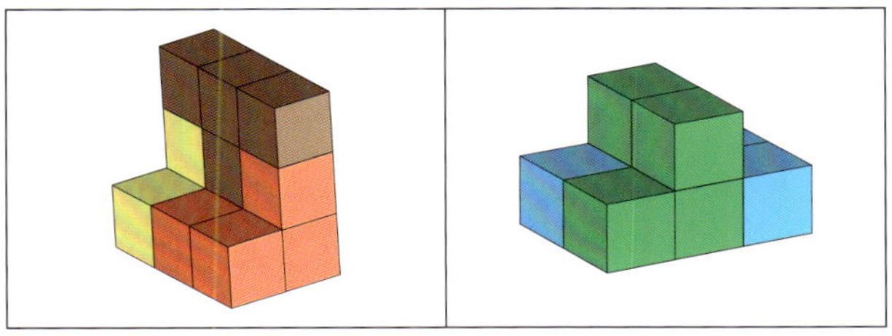
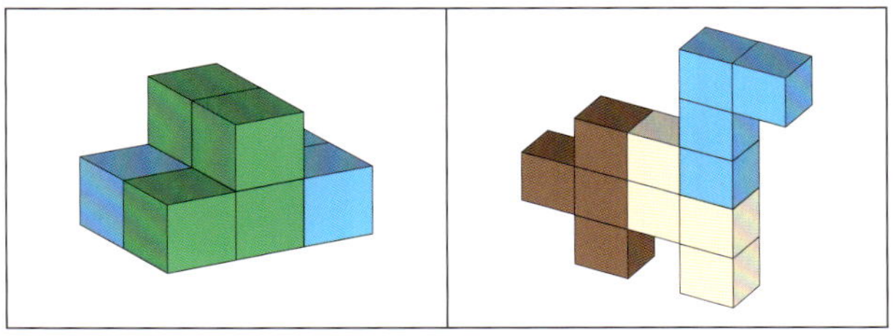
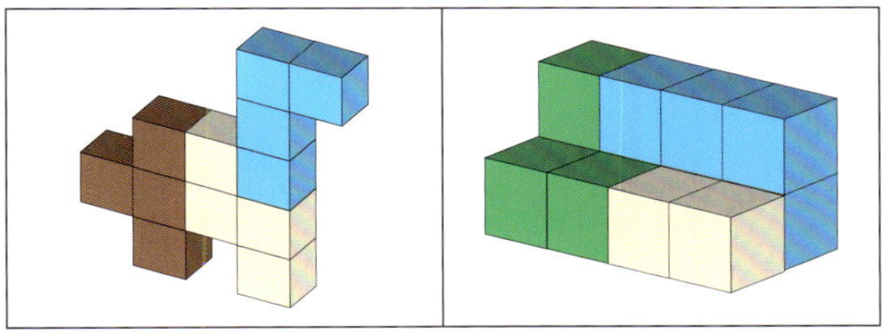
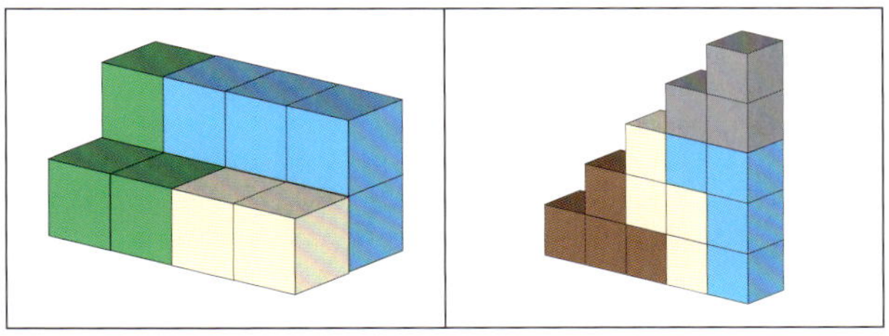
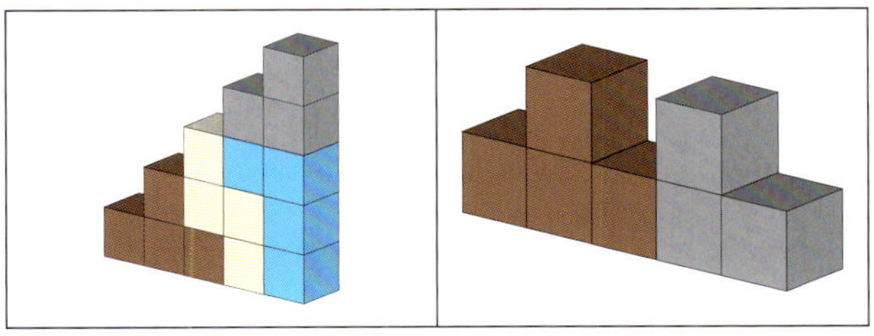
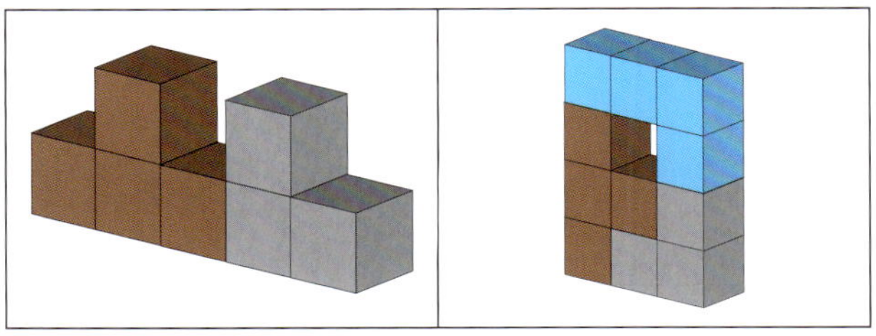
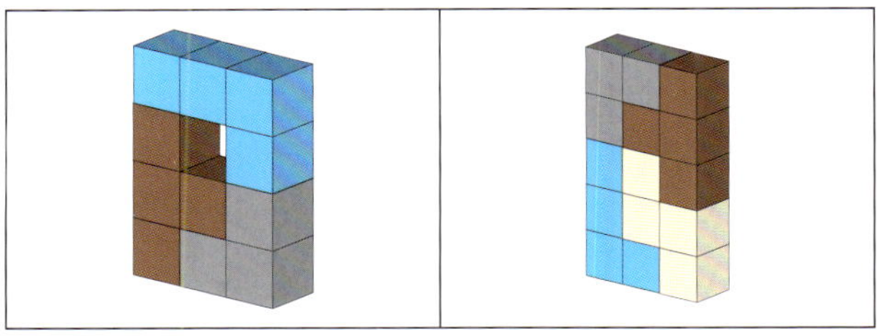
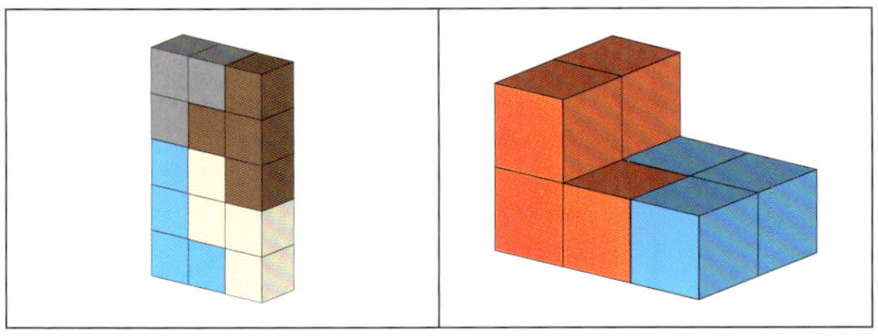

Rückseite – Domino SOMA kombinierte Teile

Domino-1c Domino-1c Domino-1c
Domino-1c Domino-1c Domino-1c
Domino-1c Domino-1c Domino-1c
Domino-1c Domino-1c Domino-1c
Domino-1c Domino-1c Domino-1c
Domino-1c Domino-1c Domino-1c
Domino-1c Domino-1c Domino-1c
Domino-1c Domino-1c Domino-1c
Domino-1c Domino-1c Domino-1c
Domino-1c Domino-1c Domino-1c
Domino-1c Domino-1c Domino-1c
Domino-1c Domino-1c Domino-1c
Domino-1c Domino-1c Domino-1c
Domino-1c Domino-1c Domino-1c
Domino-1c Domino-1c Domino-1c
Domino-1c Domino-1c Domino-1c
Domino-1c Domino-1c Domino-1c
Domino-1c Domino-1c Domino-1c
Domino-1c Domino-1c Domino-1c
Domino-1c Domino-1c Domino-1c
Domino-1c Domino-1c Domino-1c
Domino-1c Domino-1c Domino-1c
Domino-1c Domino-1c Domino-1c
Domino-1c Domino-1c Domino-1c
Domino-1c Domino-1c Domino-1c

4.1d Domino – Make'n Break

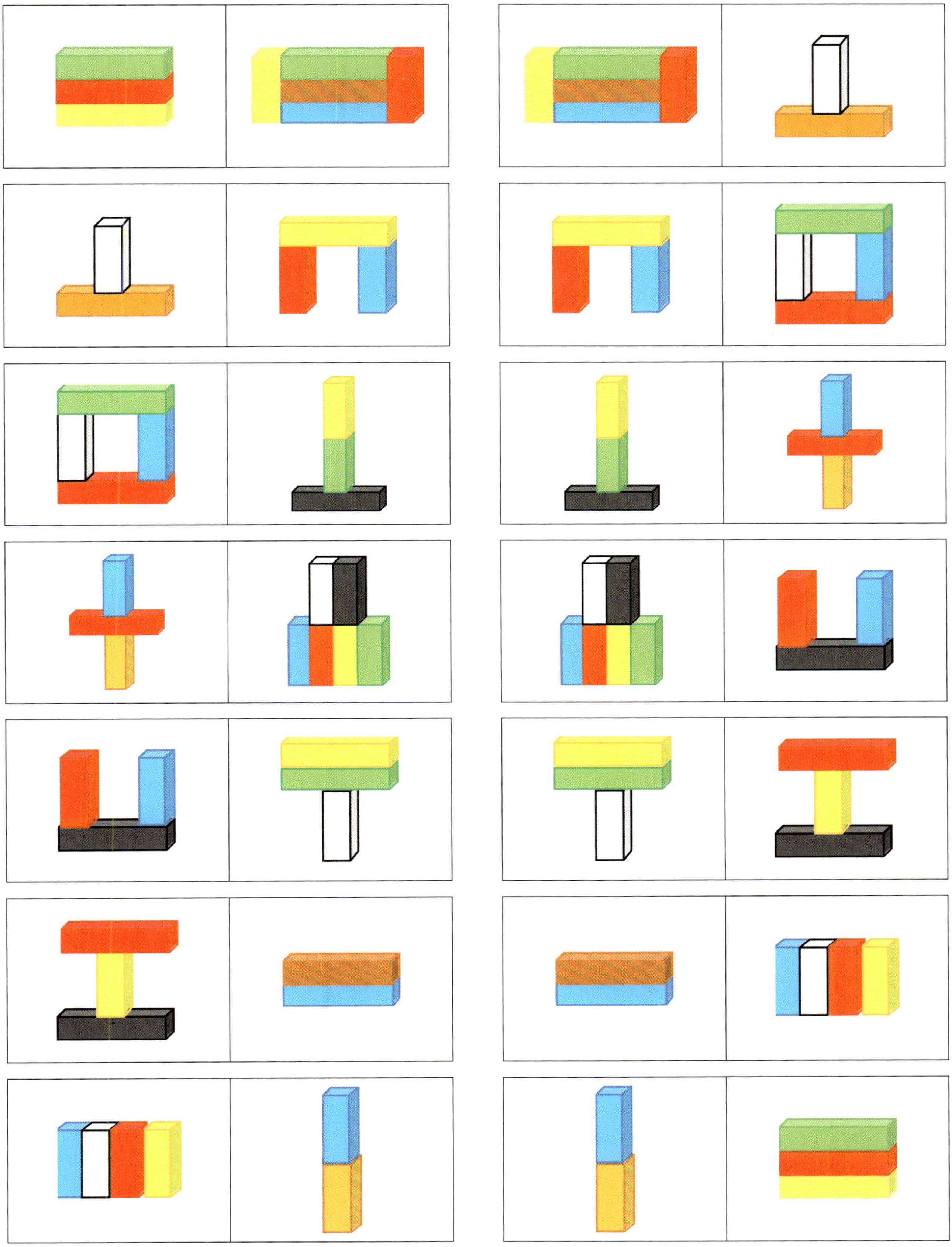

Domino-1d Domino-1d Domino-1d
Domino-1d Domino-1d Domino-1d
Domino-1d Domino-1d Domino-1d
Domino-1d Domino-1d Domino-1d
Domino-1d Domino-1d Domino-1d
Domino-1d Domino-1d Domino-1d
Domino-1d Domino-1d Domino-1d
Domino-1d Domino-1d Domino-1d
Domino-1d Domino-1d Domino-1d
Domino-1d Domino-1d Domino-1d
Domino-1d Domino-1d Domino-1d
Domino-1d Domino-1d Domino-1d
Domino-1d Domino-1d Domino-1d
Domino-1d Domino-1d Domino-1d
Domino-1d Domino-1d Domino-1d
Domino-1d Domino-1d Domino-1d
Domino-1d Domino-1d Domino-1d
Domino-1d Domino-1d Domino-1d
Domino-1d Domino-1d Domino-1d
Domino-1d Domino-1d Domino-1d
Domino-1d Domino-1d Domino-1d
Domino-1d Domino-1d Domino-1d
Domino-1d Domino-1d Domino-1d
Domino-1d Domino-1d Domino-1d
Domino-1d Domino-1d Domino-1d

4.2a Lotto – SOMA einzelne Teile farbig

Vorlage farbig zum Auflegen der unteren Bildkarten:

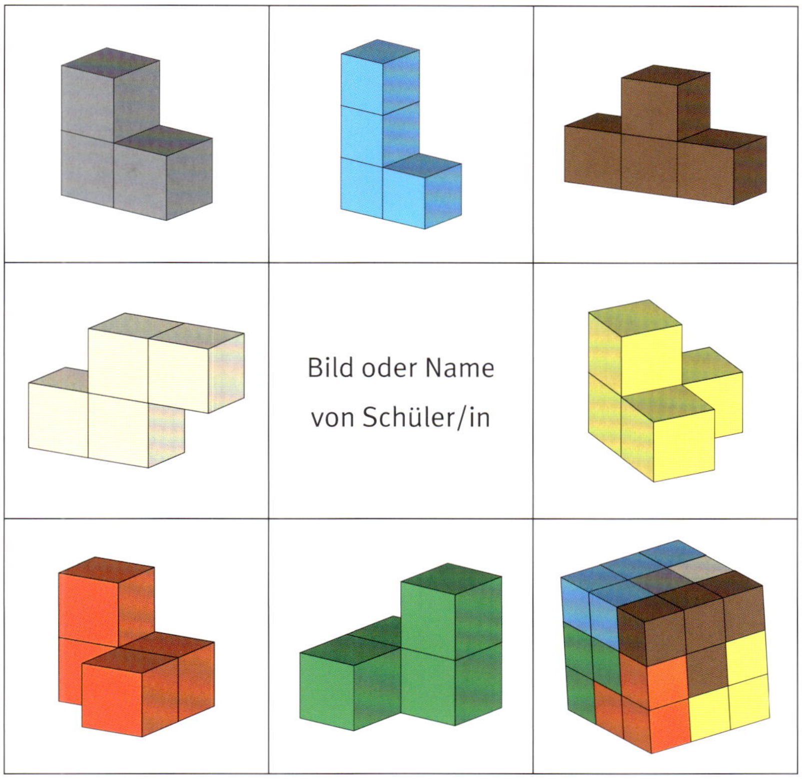

Erst Seiten kopieren oder heraustrennen und laminieren, dann untere Bildkarten einzeln zum Auflegen auf obere Vorlage ausschneiden.

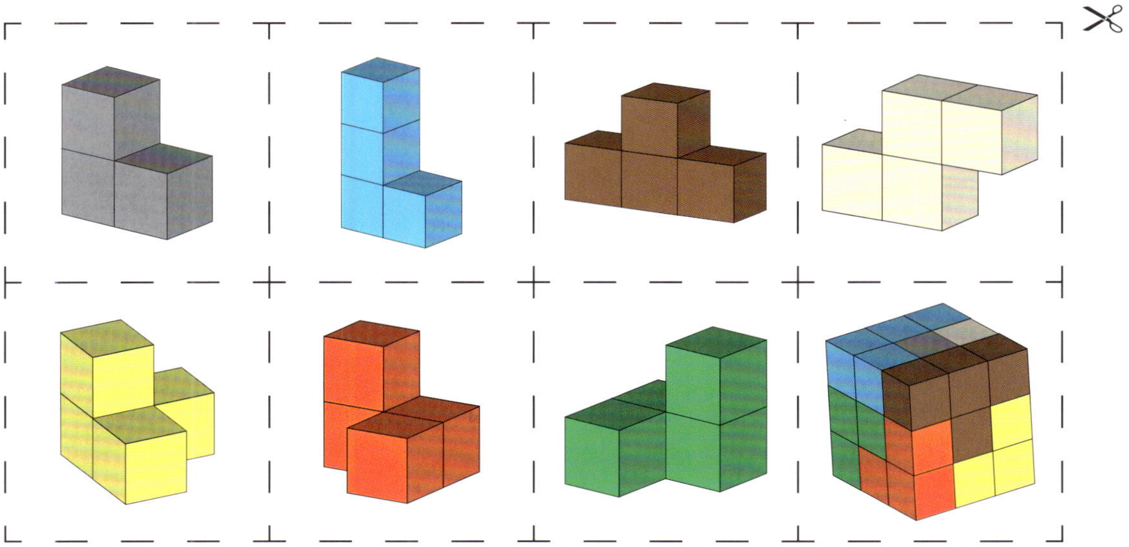

Rückseite – SOMA einzelne Teile farbig

Lotto-2a Lotto-2a Lotto-2a Lotto-2a
Lotto-2a Lotto-2a Lotto-2a Lotto-2a
Lotto-2a Lotto-2a Lotto-2a Lotto-2a
Lotto-2a Lotto-2a Lotto-2a Lotto-2a
Lotto-2a Lotto-2a Lotto-2a Lotto-2a
Lotto-2a Lotto-2a Lotto-2a Lotto-2a
Lotto-2a Lotto-2a Lotto-2a Lotto-2a
Lotto-2a Lotto-2a Lotto-2a Lotto-2a
Lotto-2a Lotto-2a Lotto-2a Lotto-2a
Lotto-2a Lotto-2a Lotto-2a Lotto-2a
Lotto-2a Lotto-2a Lotto-2a Lotto-2a
Lotto-2a Lotto-2a Lotto-2a Lotto-2a
Lotto-2a Lotto-2a Lotto-2a Lotto-2a
Lotto-2a Lotto-2a Lotto-2a Lotto-2a
Lotto-2a Lotto-2a Lotto-2a Lotto-2a
Lotto-2a Lotto-2a Lotto-2a Lotto-2a
Lotto-2a Lotto-2a Lotto-2a Lotto-2a
Lotto-2a Lotto-2a Lotto-2a Lotto-2a
Lotto-2a Lotto-2a Lotto-2a Lotto-2a
Lotto-2a Lotto-2a Lotto-2a Lotto-2a
Lotto-2a Lotto-2a Lotto-2a Lotto-2a
Lotto-2a Lotto-2a Lotto-2a Lotto-2a
Lotto-2a Lotto-2a Lotto-2a Lotto-2a
Lotto-2a Lotto-2a Lotto-2a Lotto-2a
Lotto-2a Lotto-2a Lotto-2a Lotto-2a

4.2b Lotto – SOMA einzelne Teile naturfarben

Vorlage Natur zum Auflegen der unteren Bildkarten:

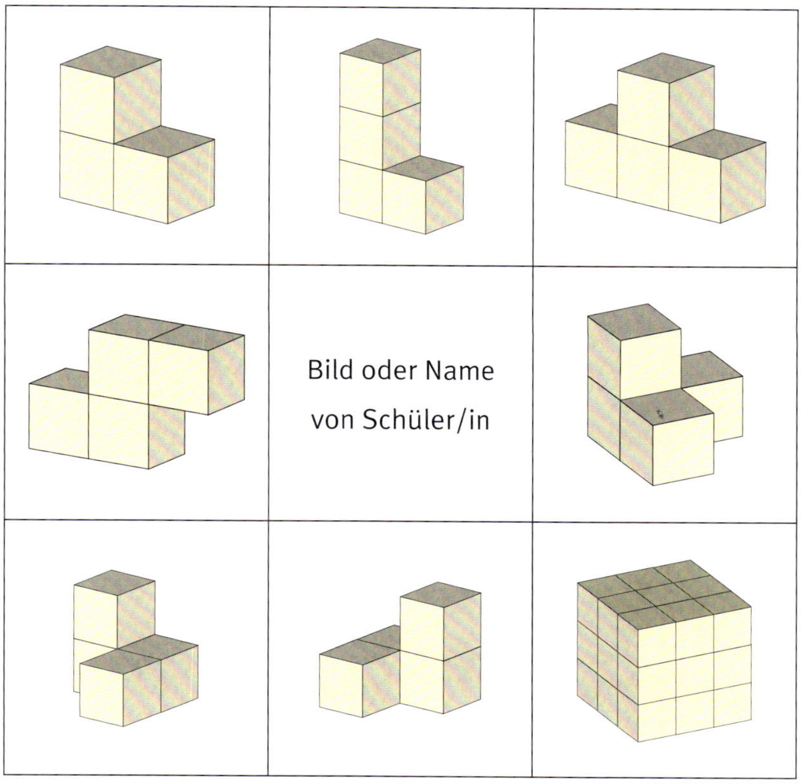

Erst Seiten kopieren oder heraustrennen und laminieren, dann untere Bildkarten einzeln zum Auflegen auf obere Vorlage ausschneiden.

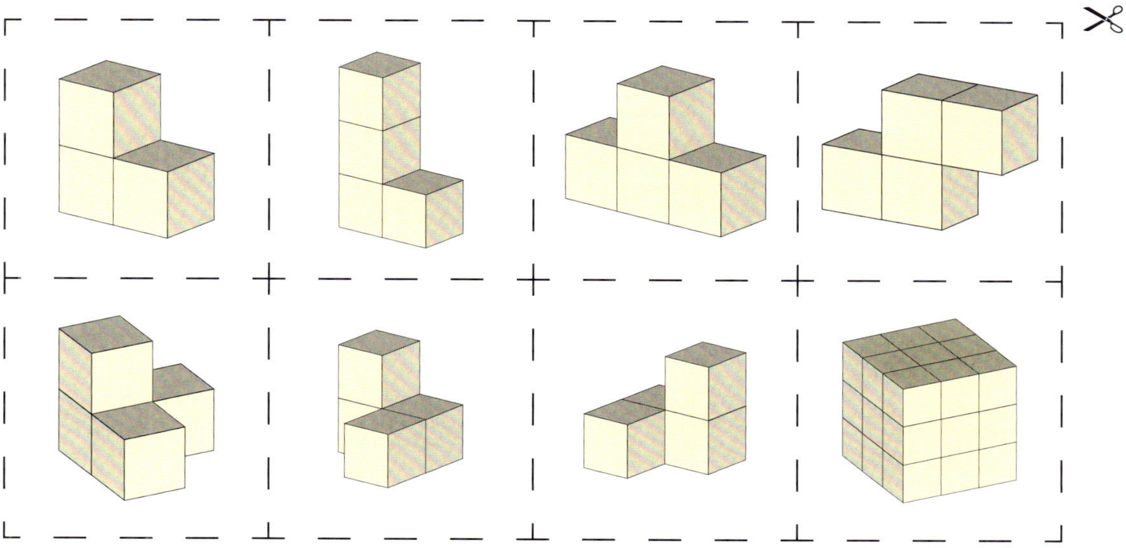

Rückseite – SOMA einzelne Teile naturfarben

Lotto-2b Lotto-2b Lotto-2b Lotto-2b
Lotto-2b Lotto-2b Lotto-2b Lotto-2b
Lotto-2b Lotto-2b Lotto-2b Lotto-2b
Lotto-2b Lotto-2b Lotto-2b Lotto-2b
Lotto-2b Lotto-2b Lotto-2b Lotto-2b
Lotto-2b Lotto-2b Lotto-2b Lotto-2b
Lotto-2b Lotto-2b Lotto-2b Lotto-2b
Lotto-2b Lotto-2b Lotto-2b Lotto-2b
Lotto-2b Lotto-2b Lotto-2b Lotto-2b
Lotto-2b Lotto-2b Lotto-2b Lotto-2b
Lotto-2b Lotto-2b Lotto-2b Lotto-2b
Lotto-2b Lotto-2b Lotto-2b Lotto-2b
Lotto-2b Lotto-2b Lotto-2b Lotto-2b
Lotto-2b Lotto-2b Lotto-2b Lotto-2b
Lotto-2b Lotto-2b Lotto-2b Lotto-2b
Lotto-2b Lotto-2b Lotto-2b Lotto-2b
Lotto-2b Lotto-2b Lotto-2b Lotto-2b
Lotto-2b Lotto-2b Lotto-2b Lotto-2b
Lotto-2b Lotto-2b Lotto-2b Lotto-2b
Lotto-2b Lotto-2b Lotto-2b Lotto-2b
Lotto-2b Lotto-2b Lotto-2b Lotto-2b
Lotto-2b Lotto-2b Lotto-2b Lotto-2b
Lotto-2b Lotto-2b Lotto-2b Lotto-2b
Lotto-2b Lotto-2b Lotto-2b Lotto-2b
Lotto-2b Lotto-2b Lotto-2b Lotto-2b

4.2c Lotto – SOMA kombinierte Teile farbig

Vorlage SOMA-Kombination zum Auflegen der unteren Bildkarten:

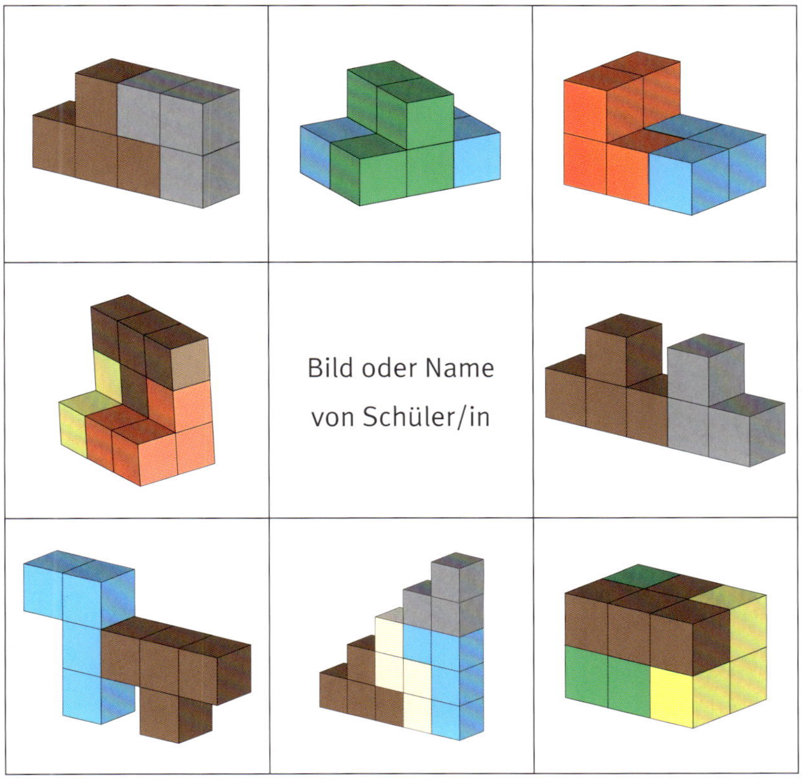

Erst Seiten kopieren oder heraustrennen und laminieren, dann untere Bildkarten einzeln zum Auflegen auf obere Vorlage ausschneiden.

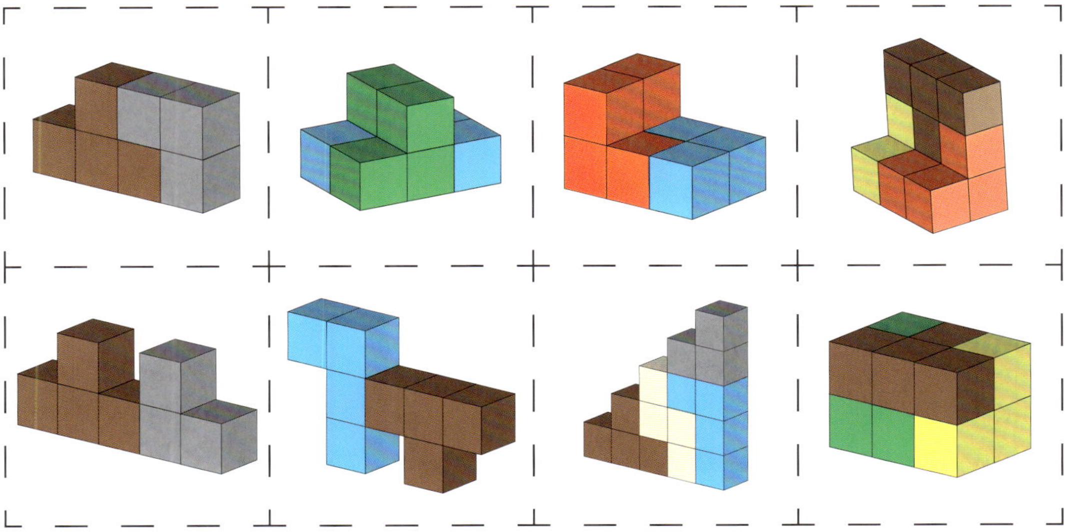

Rückseite – SOMA kombinierte Teile farbig

Lotto-2c Lotto-2c Lotto-2c Lotto-2c
Lotto-2c Lotto-2c Lotto-2c Lotto-2c
Lotto-2c Lotto-2c Lotto-2c Lotto-2c
Lotto-2c Lotto-2c Lotto-2c Lotto-2c
Lotto-2c Lotto-2c Lotto-2c Lotto-2c
Lotto-2c Lotto-2c Lotto-2c Lotto-2c
Lotto-2c Lotto-2c Lotto-2c Lotto-2c
Lotto-2c Lotto-2c Lotto-2c Lotto-2c
Lotto-2c Lotto-2c Lotto-2c Lotto-2c
Lotto-2c Lotto-2c Lotto-2c Lotto-2c
Lotto-2c Lotto-2c Lotto-2c Lotto-2c
Lotto-2c Lotto-2c Lotto-2c Lotto-2c
Lotto-2c Lotto-2c Lotto-2c Lotto-2c
Lotto-2c Lotto-2c Lotto-2c Lotto-2c
Lotto-2c Lotto-2c Lotto-2c Lotto-2c
Lotto-2c Lotto-2c Lotto-2c Lotto-2c
Lotto-2c Lotto-2c Lotto-2c Lotto-2c
Lotto-2c Lotto-2c Lotto-2c Lotto-2c
Lotto-2c Lotto-2c Lotto-2c Lotto-2c
Lotto-2c Lotto-2c Lotto-2c Lotto-2c
Lotto-2c Lotto-2c Lotto-2c Lotto-2c
Lotto-2c Lotto-2c Lotto-2c Lotto-2c
Lotto-2c Lotto-2c Lotto-2c Lotto-2c
Lotto-2c Lotto-2c Lotto-2c Lotto-2c
Lotto-2c Lotto-2c Lotto-2c Lotto-2c

4.2d Lotto – Make'n Break farbig

Vorlage Make'n Break zum Auflegen der unteren Bildkarten:

Erst Seiten kopieren oder heraustrennen und laminieren, dann untere Bildkarten einzeln zum Auflegen auf obere Vorlage ausschneiden.

Rückseite – SOMA Make'n Break farbig

Lotto-2d Lotto-2d Lotto-2d Lotto-2d
Lotto-2d Lotto-2d Lotto-2d Lotto-2d
Lotto-2d Lotto-2d Lotto-2d Lotto-2d
Lotto-2d Lotto-2d Lotto-2d Lotto-2d
Lotto-2d Lotto-2d Lotto-2d Lotto-2d
Lotto-2d Lotto-2d Lotto-2d Lotto-2d
Lotto-2d Lotto-2d Lotto-2d Lotto-2d
Lotto-2d Lotto-2d Lotto-2d Lotto-2d
Lotto-2d Lotto-2d Lotto-2d Lotto-2d
Lotto-2d Lotto-2d Lotto-2d Lotto-2d
Lotto-2d Lotto-2d Lotto-2d Lotto-2d
Lotto-2d Lotto-2d Lotto-2d Lotto-2d
Lotto-2d Lotto-2d Lotto-2d Lotto-2d
Lotto-2d Lotto-2d Lotto-2d Lotto-2d
Lotto-2d Lotto-2d Lotto-2d Lotto-2d
Lotto-2d Lotto-2d Lotto-2d Lotto-2d
Lotto-2d Lotto-2d Lotto-2d Lotto-2d
Lotto-2d Lotto-2d Lotto-2d Lotto-2d
Lotto-2d Lotto-2d Lotto-2d Lotto-2d
Lotto-2d Lotto-2d Lotto-2d Lotto-2d
Lotto-2d Lotto-2d Lotto-2d Lotto-2d
Lotto-2d Lotto-2d Lotto-2d Lotto-2d
Lotto-2d Lotto-2d Lotto-2d Lotto-2d
Lotto-2d Lotto-2d Lotto-2d Lotto-2d
Lotto-2d Lotto-2d Lotto-2d Lotto-2d

4.2e Lotto – Blanko

Vorlage Blanko zur eigenen Gestaltung

▶ Diese Blanko-Vorlage LOTTO-Spiel kann wie folgt gestaltet werden: **a)** erst Bilder aus Vorlagen-CD einfügen (oben und unten) **oder b)** Klettverschlüsse oben anbringen + Karten mit Klett oben postieren als Aufgabe (Karten mit Klett doppelt bereithalten) (vgl. Arbeitskarten mit Klett in Solzbacher 2016)

Bild oder Klett	Bild oder Klett	Bild oder Klett
Bild oder Klett	Bild oder Name von Schüler/in	Bild oder Klett
Bild oder Klett	Bild oder Klett	Bild oder Klett

✂ ……………………………………………………………………

Erst Seiten kopieren oder heraustrennen und laminieren, dann untere Bildkarten einzeln zum Auflegen auf obere Vorlage ausschneiden.

Rückseite – SOMA Lotto Blanko-Vorlage

Lotto-2e Lotto-2e Lotto-2e Lotto-2e
Lotto-2e Lotto-2e Lotto-2e Lotto-2e
Lotto-2e Lotto-2e Lotto-2e Lotto-2e
Lotto-2e Lotto-2e Lotto-2e Lotto-2e
Lotto-2e Lotto-2e Lotto-2e Lotto-2e
Lotto-2e Lotto-2e Lotto-2e Lotto-2e
Lotto-2e Lotto-2e Lotto-2e Lotto-2e
Lotto-2e Lotto-2e Lotto-2e Lotto-2e
Lotto-2e Lotto-2e Lotto-2e Lotto-2e
Lotto-2e Lotto-2e Lotto-2e Lotto-2e
Lotto-2e Lotto-2e Lotto-2e Lotto-2e
Lotto-2e Lotto-2e Lotto-2e Lotto-2e
Lotto-2e Lotto-2e Lotto-2e Lotto-2e
Lotto-2e Lotto-2e Lotto-2e Lotto-2e
Lotto-2e Lotto-2e Lotto-2e Lotto-2e
Lotto-2e Lotto-2e Lotto-2e Lotto-2e
Lotto-2e Lotto-2e Lotto-2e Lotto-2e
Lotto-2e Lotto-2e Lotto-2e Lotto-2e
Lotto-2e Lotto-2e Lotto-2e Lotto-2e
Lotto-2e Lotto-2e Lotto-2e Lotto-2e
Lotto-2e Lotto-2e Lotto-2e Lotto-2e
Lotto-2e Lotto-2e Lotto-2e Lotto-2e
Lotto-2e Lotto-2e Lotto-2e Lotto-2e
Lotto-2e Lotto-2e Lotto-2e Lotto-2e
Lotto-2e Lotto-2e Lotto-2e Lotto-2e

4.3a Memory – Würfeltürme – naturfarben

Zum Laminieren und Ausschneiden

Rückseite – Memory Würfeltürme naturfarben

Memory-3a Memory-3a Memory-3a
Memory-3a Memory-3a Memory-3a
Memory-3a Memory-3a Memory-3a
Memory-3a Memory-3a Memory-3a
Memory-3a Memory-3a Memory-3a
Memory-3a Memory-3a Memory-3a
Memory-3a Memory-3a Memory-3a
Memory-3a Memory-3a Memory-3a
Memory-3a Memory-3a Memory-3a
Memory-3a Memory-3a Memory-3a
Memory-3a Memory-3a Memory-3a
Memory-3a Memory-3a Memory-3a
Memory-3a Memory-3a Memory-3a
Memory-3a Memory-3a Memory-3a
Memory-3a Memory-3a Memory-3a
Memory-3a Memory-3a Memory-3a
Memory-3a Memory-3a Memory-3a
Memory-3a Memory-3a Memory-3a
Memory-3a Memory-3a Memory-3a
Memory-3a Memory-3a Memory-3a
Memory-3a Memory-3a Memory-3a
Memory-3a Memory-3a Memory-3a
Memory-3a Memory-3a Memory-3a
Memory-3a Memory-3a Memory-3a
Memory-3a Memory-3a Memory-3a

4.3b Memory – einzelne SOMA Teile

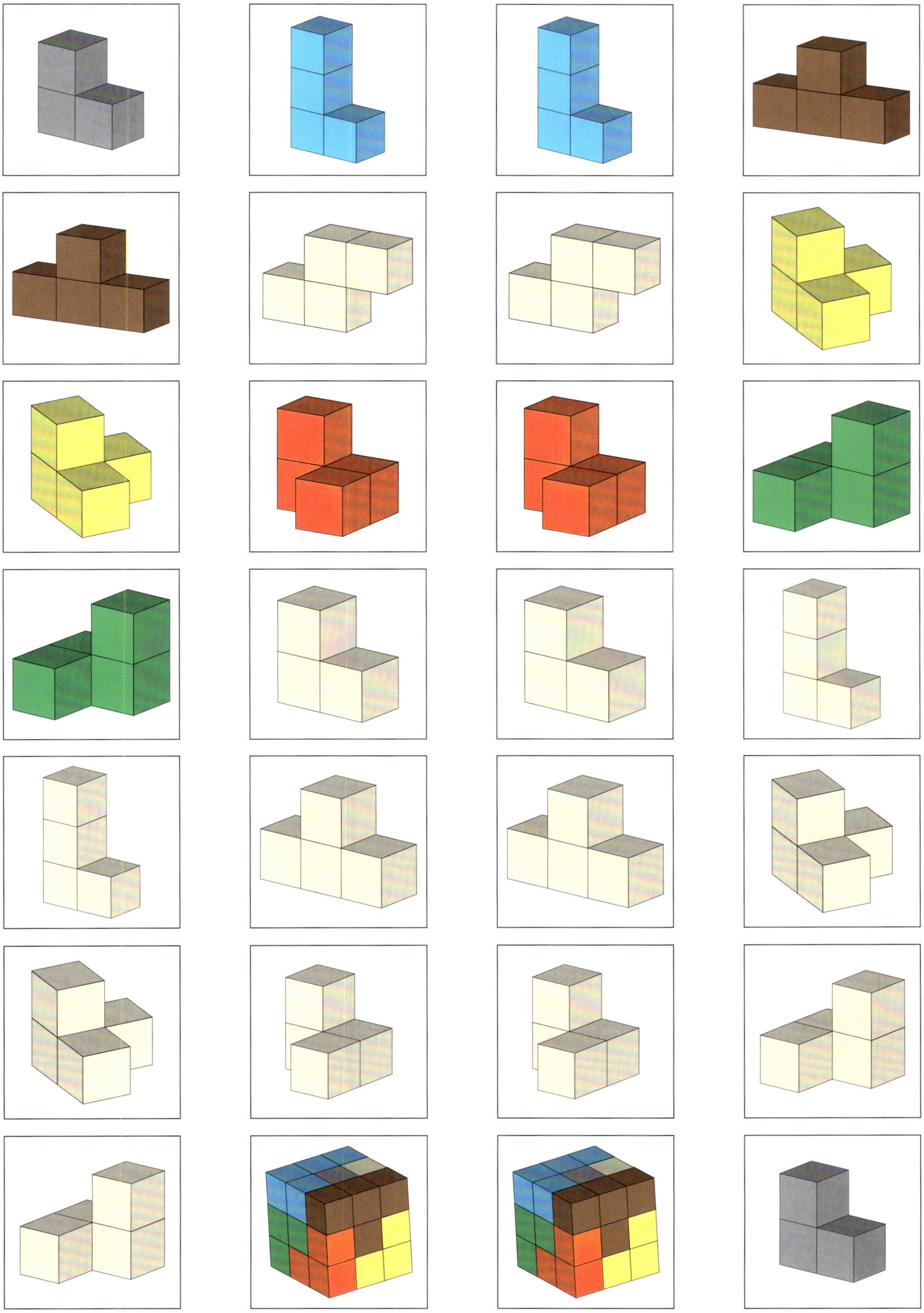

Zum Laminieren und Ausschneiden

Rückseite – Memory einzelne SOMA-Teile

Memory-3b Memory-3b Memory-3b
Memory-3b Memory-3b Memory-3b
Memory-3b Memory-3b Memory-3b
Memory-3b Memory-3b Memory-3b
Memory-3b Memory-3b Memory-3b
Memory-3b Memory-3b Memory-3b
Memory-3b Memory-3b Memory-3b
Memory-3b Memory-3b Memory-3b
Memory-3b Memory-3b Memory-3b
Memory-3b Memory-3b Memory-3b
Memory-3b Memory-3b Memory-3b
Memory-3b Memory-3b Memory-3b
Memory-3b Memory-3b Memory-3b
Memory-3b Memory-3b Memory-3b
Memory-3b Memory-3b Memory-3b
Memory-3b Memory-3b Memory-3b
Memory-3b Memory-3b Memory-3b
Memory-3b Memory-3b Memory-3b
Memory-3b Memory-3b Memory-3b
Memory-3b Memory-3b Memory-3b
Memory-3b Memory-3b Memory-3b
Memory-3b Memory-3b Memory-3b
Memory-3b Memory-3b Memory-3b
Memory-3b Memory-3b Memory-3b
Memory-3b Memory-3b Memory-3b

4.3c Memory – kombinierte SOMA Teile farbig

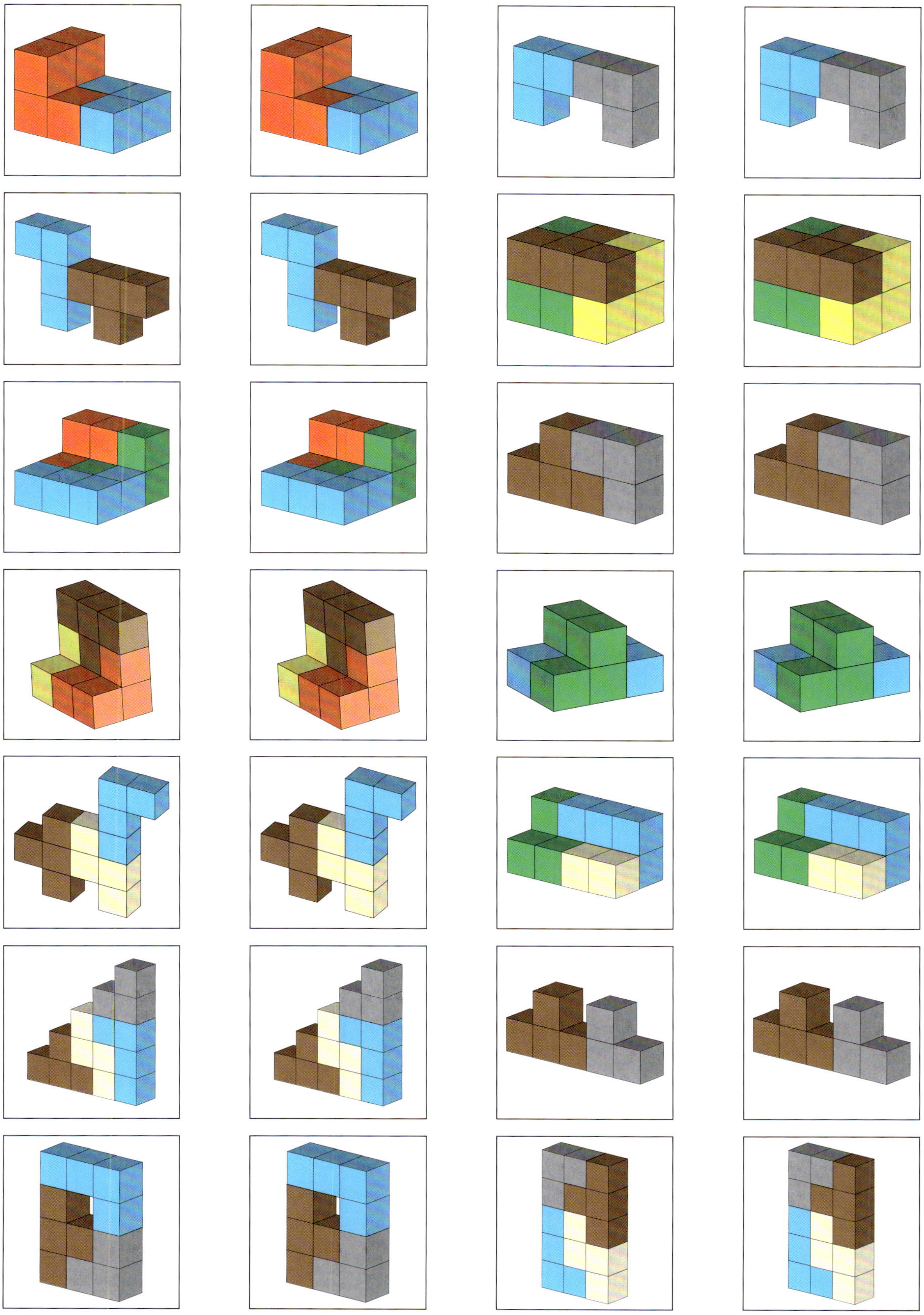

Zum Laminieren und Ausschneiden

Rückseite – Memory kombinierte SOMA-Teile farbig

Memory-3c Memory-3c Memory-3c
Memory-3c Memory-3c Memory-3c
Memory-3c Memory-3c Memory-3c
Memory-3c Memory-3c Memory-3c
Memory-3c Memory-3c Memory-3c
Memory-3c Memory-3c Memory-3c
Memory-3c Memory-3c Memory-3c
Memory-3c Memory-3c Memory-3c
Memory-3c Memory-3c Memory-3c
Memory-3c Memory-3c Memory-3c
Memory-3c Memory-3c Memory-3c
Memory-3c Memory-3c Memory-3c
Memory-3c Memory-3c Memory-3c
Memory-3c Memory-3c Memory-3c
Memory-3c Memory-3c Memory-3c
Memory-3c Memory-3c Memory-3c
Memory-3c Memory-3c Memory-3c
Memory-3c Memory-3c Memory-3c
Memory-3c Memory-3c Memory-3c
Memory-3c Memory-3c Memory-3c
Memory-3c Memory-3c Memory-3c
Memory-3c Memory-3c Memory-3c
Memory-3c Memory-3c Memory-3c
Memory-3c Memory-3c Memory-3c
Memory-3c Memory-3c Memory-3c

4.3d Memory – Make'n Break farbig

Zum Laminieren und Ausschneiden

Rückseite – Memory Make'n Break farbig

Memory-3d Memory-3d Memory-3d
Memory-3d Memory-3d Memory-3d
Memory-3d Memory-3d Memory-3d
Memory-3d Memory-3d Memory-3d
Memory-3d Memory-3d Memory-3d
Memory-3d Memory-3d Memory-3d
Memory-3d Memory-3d Memory-3d
Memory-3d Memory-3d Memory-3d
Memory-3d Memory-3d Memory-3d
Memory-3d Memory-3d Memory-3d
Memory-3d Memory-3d Memory-3d
Memory-3d Memory-3d Memory-3d
Memory-3d Memory-3d Memory-3d
Memory-3d Memory-3d Memory-3d
Memory-3d Memory-3d Memory-3d
Memory-3d Memory-3d Memory-3d
Memory-3d Memory-3d Memory-3d
Memory-3d Memory-3d Memory-3d
Memory-3d Memory-3d Memory-3d
Memory-3d Memory-3d Memory-3d
Memory-3d Memory-3d Memory-3d
Memory-3d Memory-3d Memory-3d
Memory-3d Memory-3d Memory-3d
Memory-3d Memory-3d Memory-3d
Memory-3d Memory-3d Memory-3d

4.3e Reserve Make'n Break Zusatz-Übungen – Teil 1

Baue diese Bauwerke mit den Make'n Break Bausteinen nach!

Diese Seite ist auch als „Kombinations-Memory" nutzbar – **weiß** zu **bunt** –

Du brauchst **3** Teile

1. Egal welche Farbe
2. Baue mit den Farben

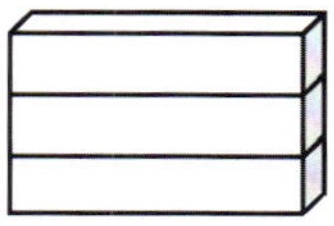

Du brauchst **5** Teile

1. Egal welche Farbe
2. Baue mit den Farben

Du brauchst **2** Teile

1. Egal welche Farbe
2. Baue mit den Farben

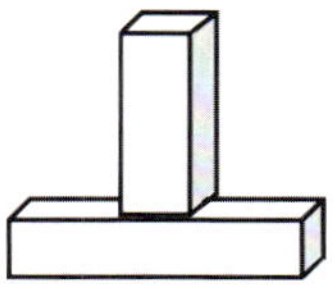

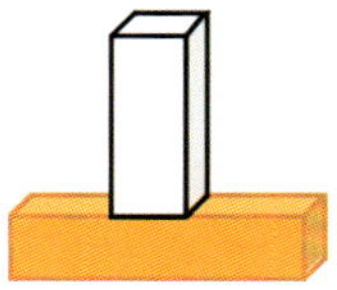

Du brauchst **3** Teile

1. Egal welche Farbe
2. Baue mit den Farben

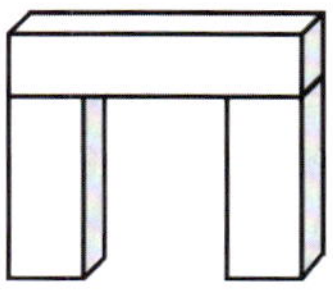

Einmal als Arbeitsblatt **oder** auch laminiert und ausgeschnitten als Memory nutzbar

Rückseite – Reserve Make'n Break Zusatz-Übungen 1

Memory-3e Memory-3e Memory-3e
Memory-3e Memory-3e Memory-3e
Memory-3e Memory-3e Memory-3e
Memory-3e Memory-3e Memory-3e
Memory-3e Memory-3e Memory-3e
Memory-3e Memory-3e Memory-3e
Memory-3e Memory-3e Memory-3e
Memory-3e Memory-3e Memory-3e
Memory-3e Memory-3e Memory-3e
Memory-3e Memory-3e Memory-3e
Memory-3e Memory-3e Memory-3e
Memory-3e Memory-3e Memory-3e
Memory-3e Memory-3e Memory-3e
Memory-3e Memory-3e Memory-3e
Memory-3e Memory-3e Memory-3e
Memory-3e Memory-3e Memory-3e
Memory-3e Memory-3e Memory-3e
Memory-3e Memory-3e Memory-3e
Memory-3e Memory-3e Memory-3e
Memory-3e Memory-3e Memory-3e
Memory-3e Memory-3e Memory-3e
Memory-3e Memory-3e Memory-3e
Memory-3e Memory-3e Memory-3e
Memory-3e Memory-3e Memory-3e
Memory-3e Memory-3e Memory-3e

4.3f Reserve Make'n Break Zusatz-Übungen – Teil 2

Diese Seite ist auch als „Kombinations-Memory" nutzbar – **weiß** zu **bunt** –

Du brauchst **4** Teile

1. Egal welche Farbe
2. Baue mit den Farben

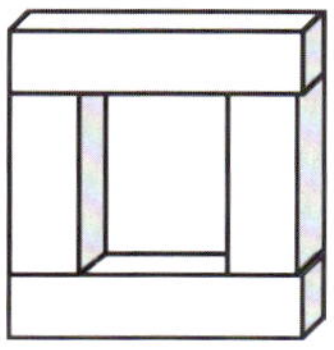

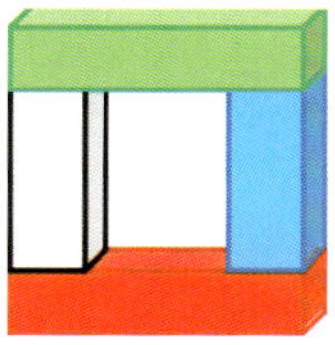

Du brauchst **3** Teile

1. Egal welche Farbe
2. Baue mit den Farben

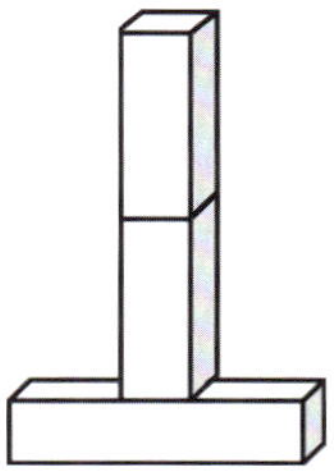

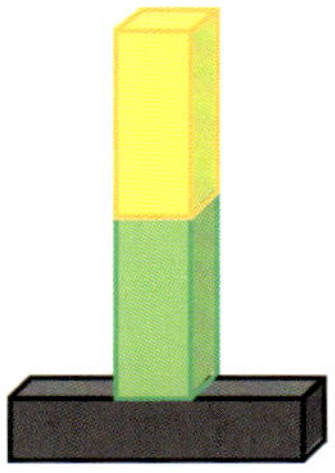

Du brauchst **3** Teile

1. Egal welche Farbe
2. Baue mit den Farben

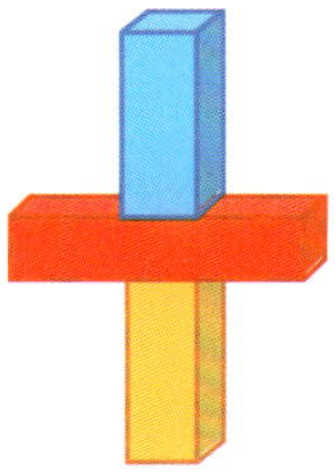

Du brauchst **6** Teile

1. Egal welche Farbe
2. Baue mit den Farben

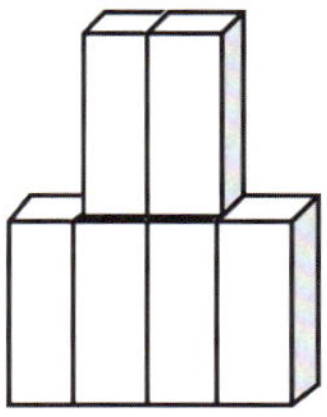

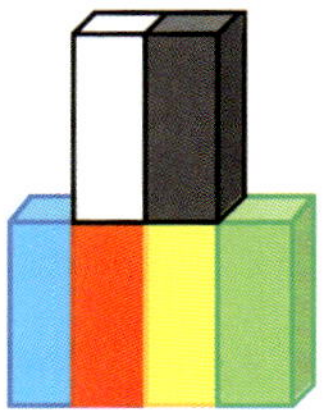

Einmal als Arbeitsblatt **oder** auch laminiert und ausgeschnitten als Memory nutzbar

Memory-3f Memory-3f Memory-3f
Memory-3f Memory-3f Memory-3f
Memory-3f Memory-3f Memory-3f
Memory-3f Memory-3f Memory-3f
Memory-3f Memory-3f Memory-3f
Memory-3f Memory-3f Memory-3f
Memory-3f Memory-3f Memory-3f
Memory-3f Memory-3f Memory-3f
Memory-3f Memory-3f Memory-3f
Memory-3f Memory-3f Memory-3f
Memory-3f Memory-3f Memory-3f
Memory-3f Memory-3f Memory-3f
Memory-3f Memory-3f Memory-3f
Memory-3f Memory-3f Memory-3f
Memory-3f Memory-3f Memory-3f
Memory-3f Memory-3f Memory-3f
Memory-3f Memory-3f Memory-3f
Memory-3f Memory-3f Memory-3f
Memory-3f Memory-3f Memory-3f
Memory-3f Memory-3f Memory-3f
Memory-3f Memory-3f Memory-3f
Memory-3f Memory-3f Memory-3f
Memory-3f Memory-3f Memory-3f
Memory-3f Memory-3f Memory-3f
Memory-3f Memory-3f Memory-3f

4.4 Arbeitskarten zum Laminieren und Üben — Arbeitskarte 1 + 2

Kopieren oder heraustrennen und laminieren – fertig zum Einsatz! Hilfen ggf. abdecken (vgl. S. 34/35)

Doppelbank

1

Du brauchst die SOMA Teile **blau** und **grün**

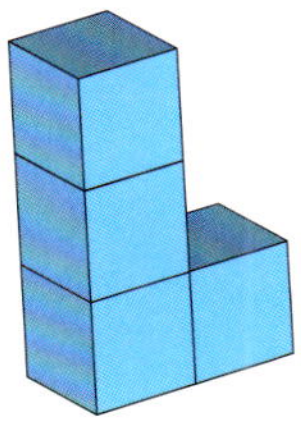

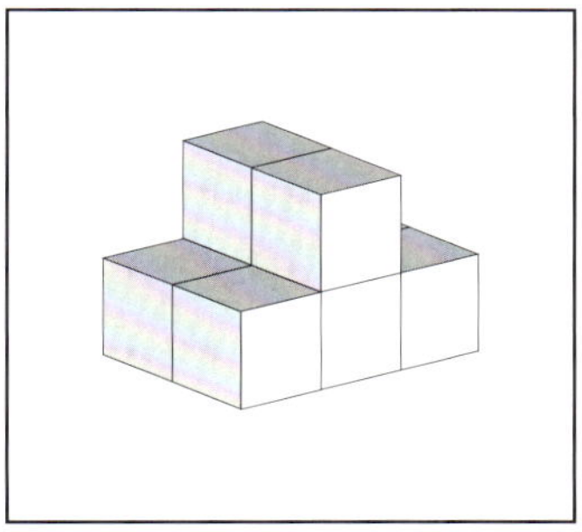

Hilfen:

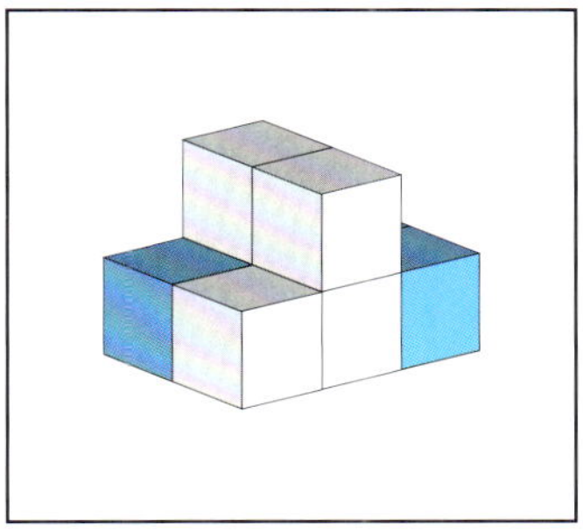
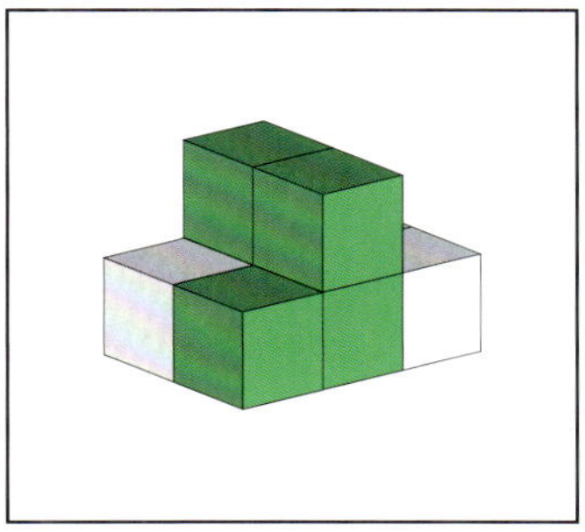

Bequemer Doppelsessel

2

Du brauchst die SOMA Teile **blau** und **rot**

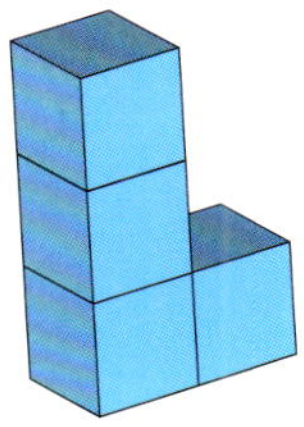
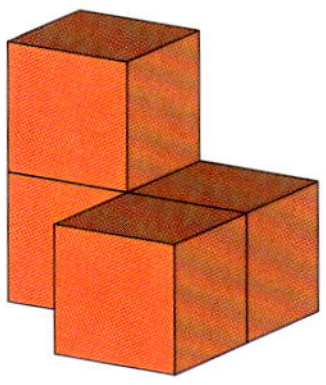
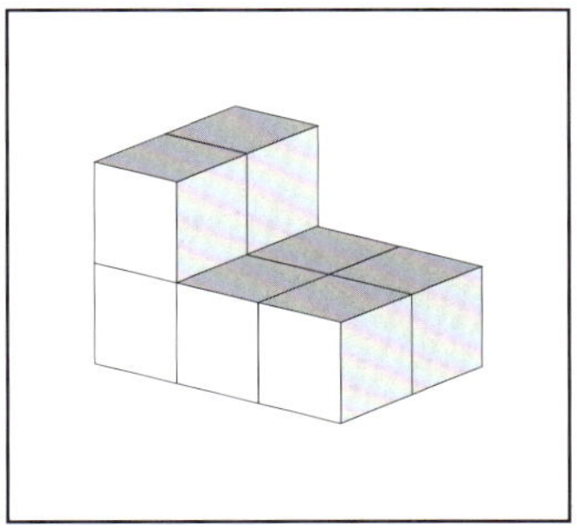

Hilfen:

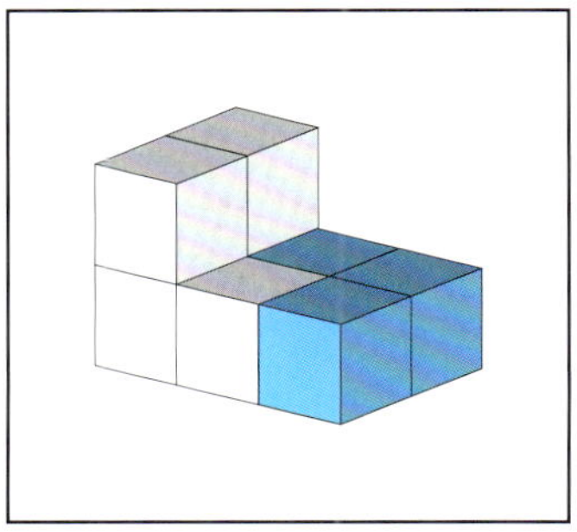
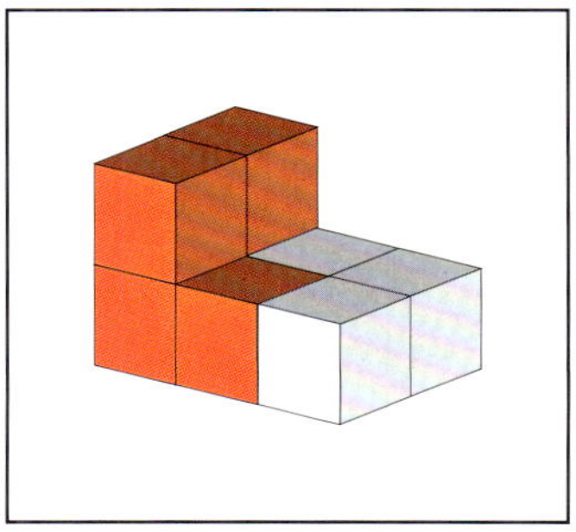
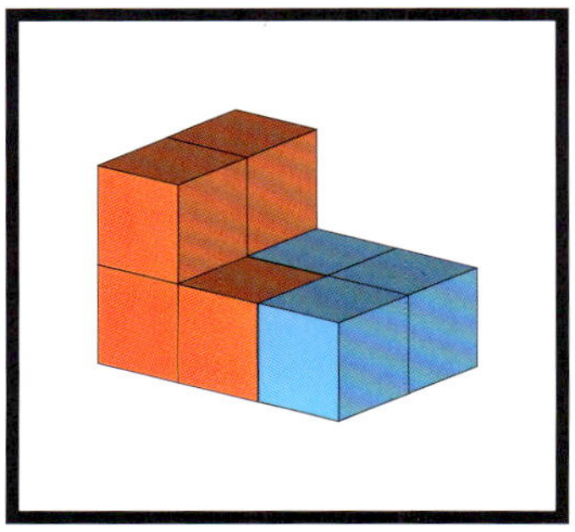

Arbeitskarte 1

Arbeitskarte 2

Arbeitskarte 3 + 4

Kopieren oder heraustrennen und laminieren – fertig zum Einsatz! Hilfen ggf. abdecken (vgl. S. 34/35)

Lastwagen

3

Du brauchst die SOMA Teile **braun** und **schwarz**

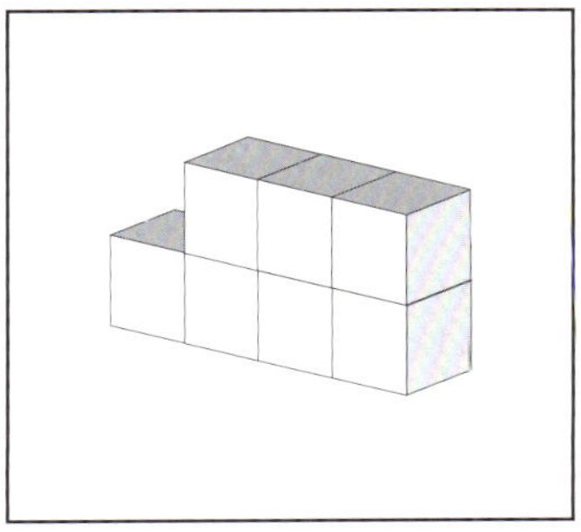

Hilfen:

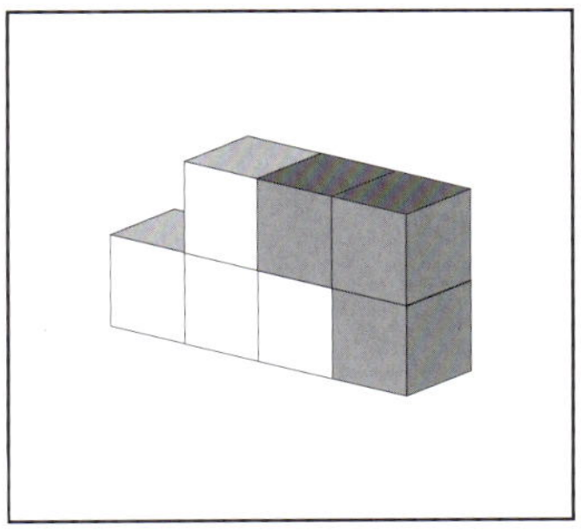

Hund

4

Du brauchst die SOMA Teile **braun** und **blau**

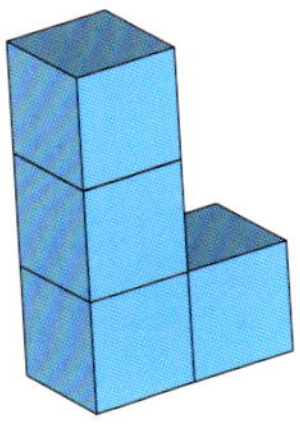
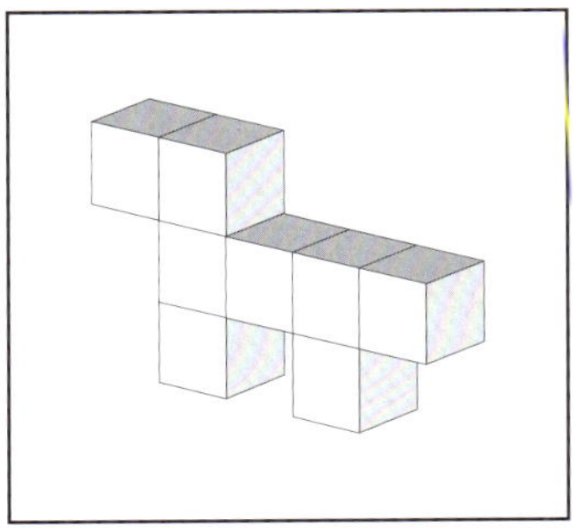

Hilfen:

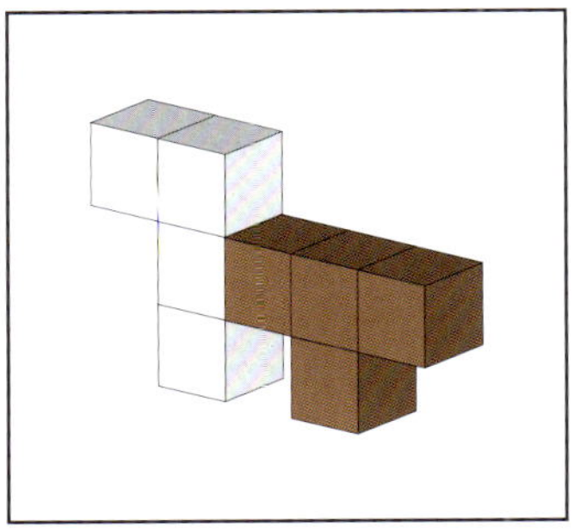
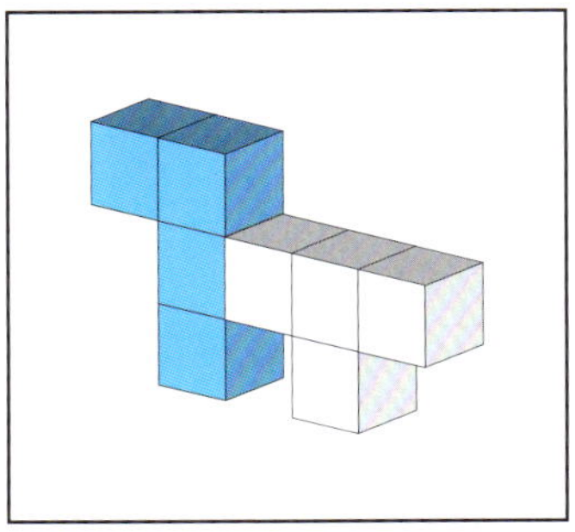

Arbeitskarte 3

Arbeitskarte 4

Arbeitskarte 5 + 6

Kopieren oder heraustrennen und laminieren – fertig zum Einsatz! Hilfen ggf. abdecken (vgl. S. 34/35)

5

Brücke

Du brauchst die SOMA Teile **blau** und **schwarz**

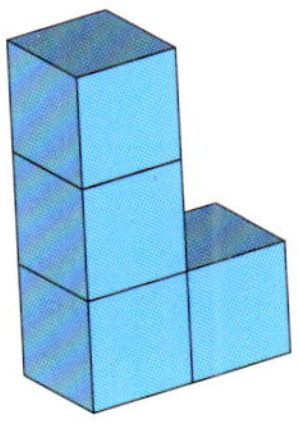

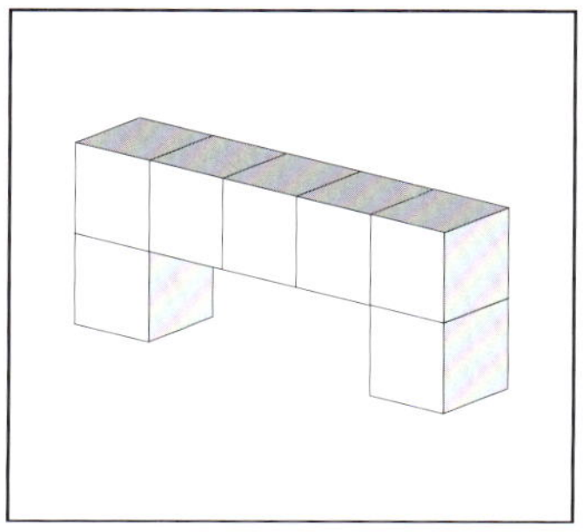

Hilfen:

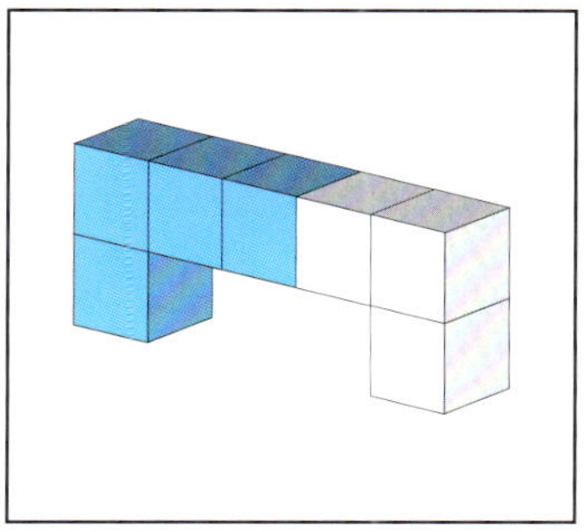

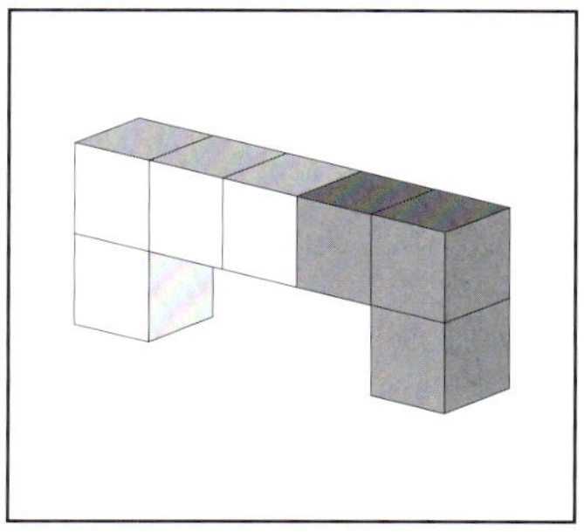

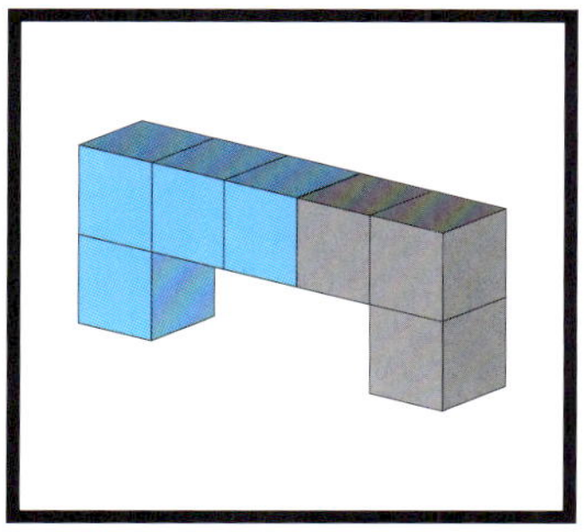

6

Burgmauer

Du brauchst die SOMA Teile **braun** und **schwarz**

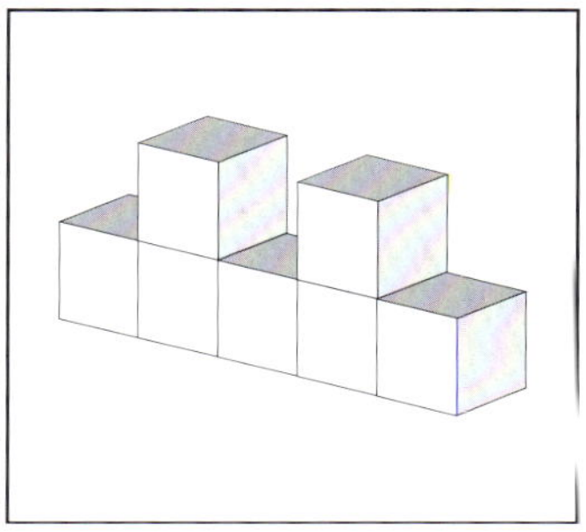

Hilfen:

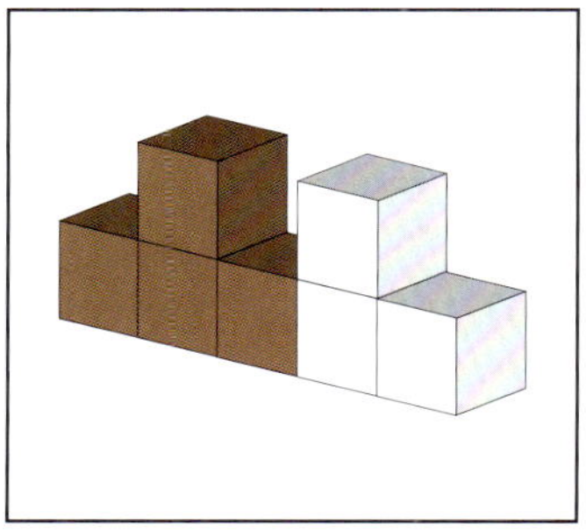

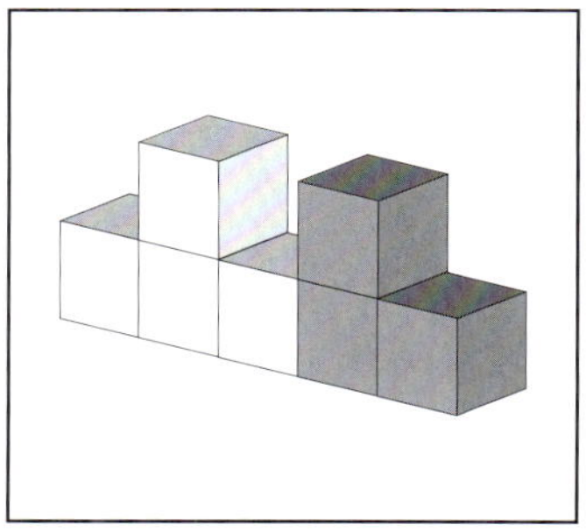

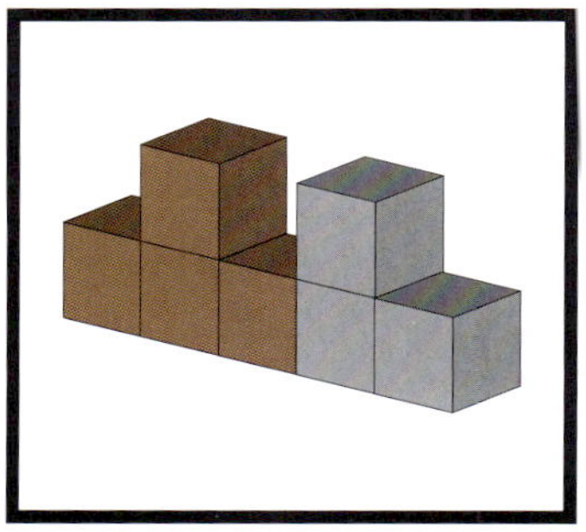

Arbeitskarte 5

Arbeitskarte 6

Arbeitskarte 7 + 8

Kopieren oder heraustrennen und laminieren – fertig zum Einsatz! Hilfen ggf. abdecken (vgl. S. 34/35)

Dromedar

7

Du brauchst die SOMA Teile **blau**, **braun** und **natur**

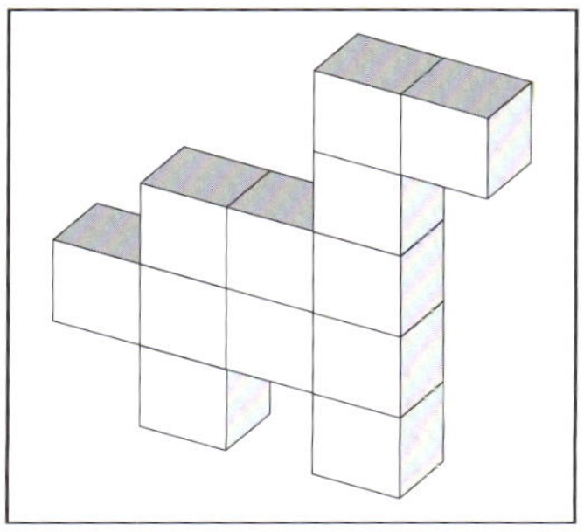

Hilfen: Beginne mit ...

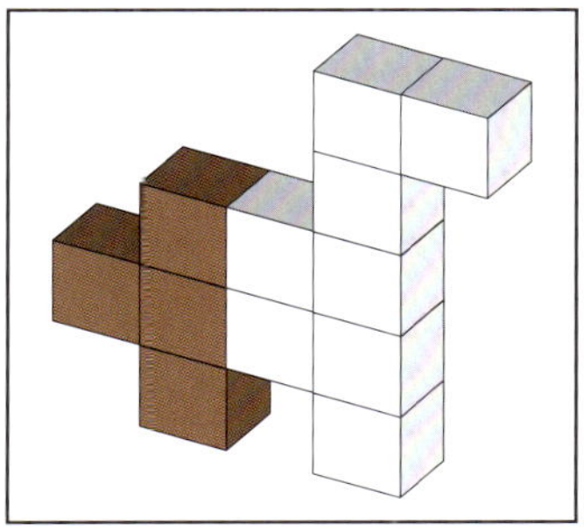

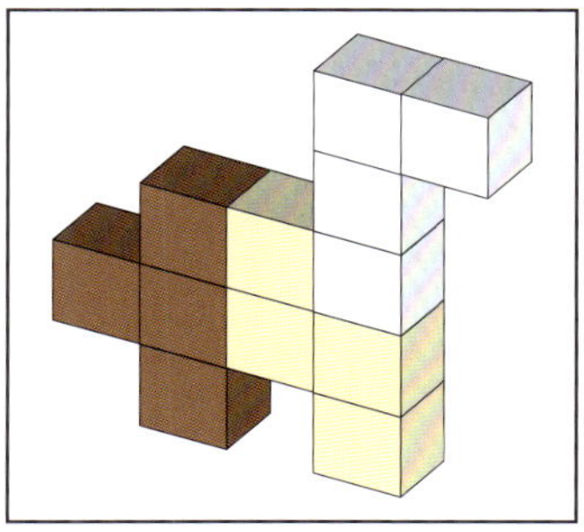

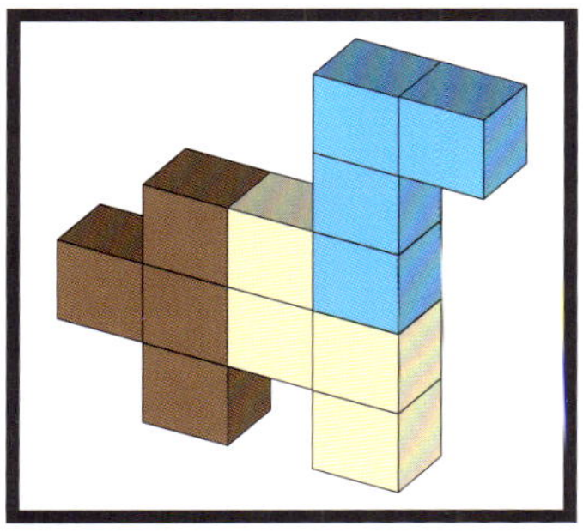

Thron

8

Du brauchst die SOMA Teile **rot**, **gelb** und **braun**

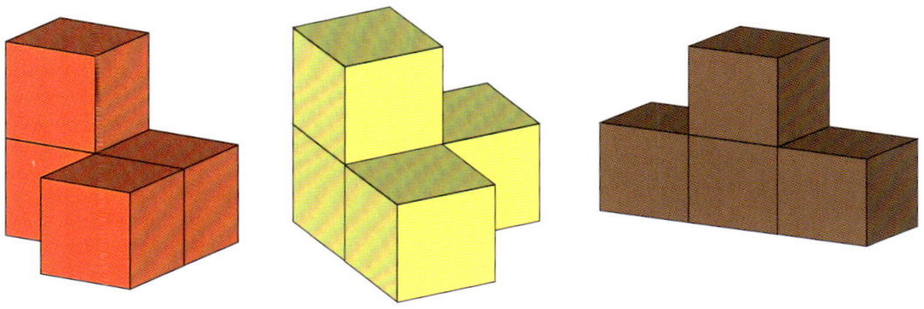

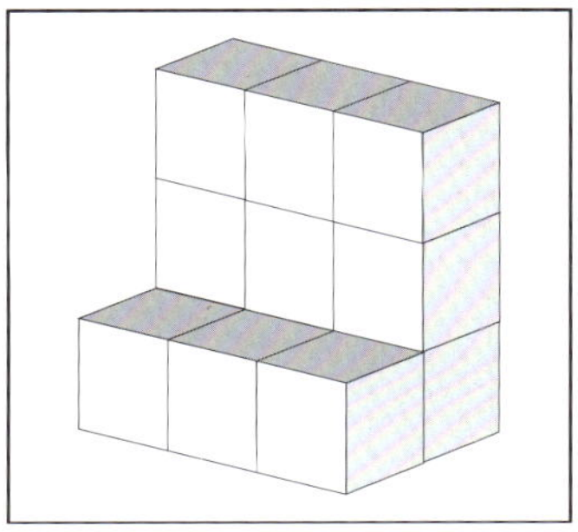

Hilfen: Beginne mit ...

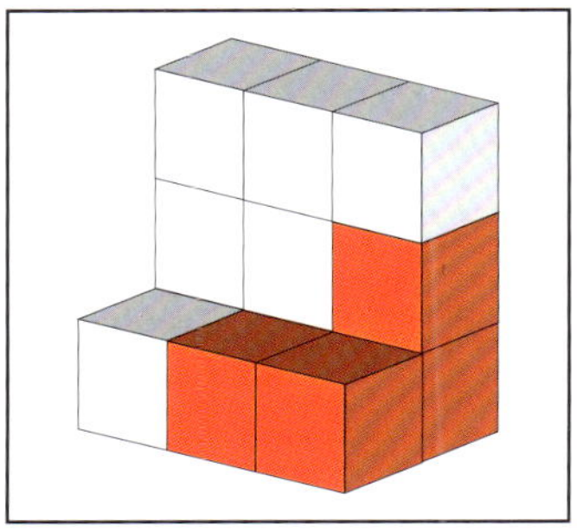

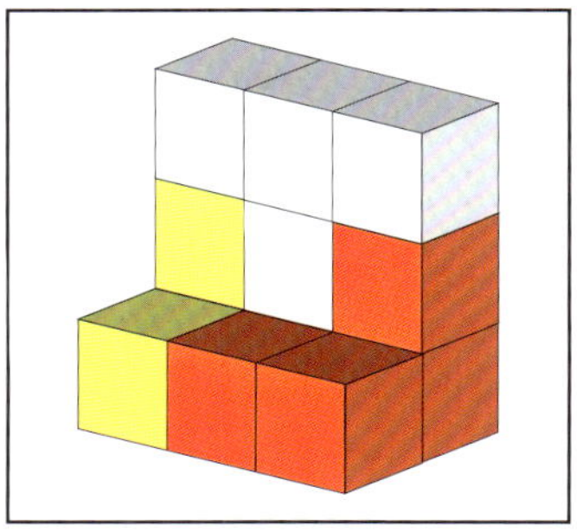

Arbeitskarte 7

Arbeitskarte 8

Arbeitskarte 9 +10

Kopieren oder heraustrennen und laminieren – fertig zum Einsatz! Hilfen ggf. abdecken (vgl. S. 34/35)

9

Große Bank

Du brauchst die SOMA Teile **blau**, **grün** und **natur**

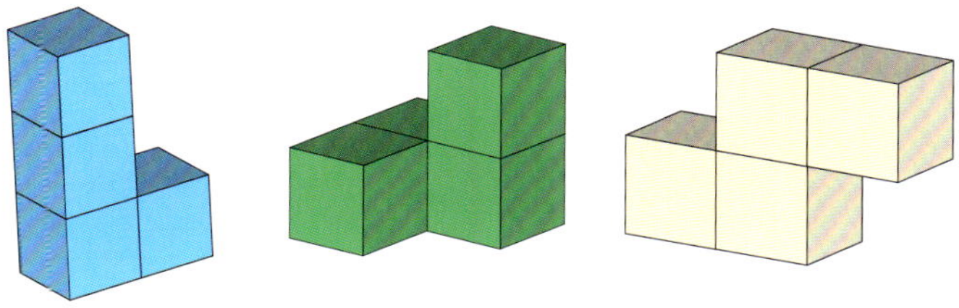

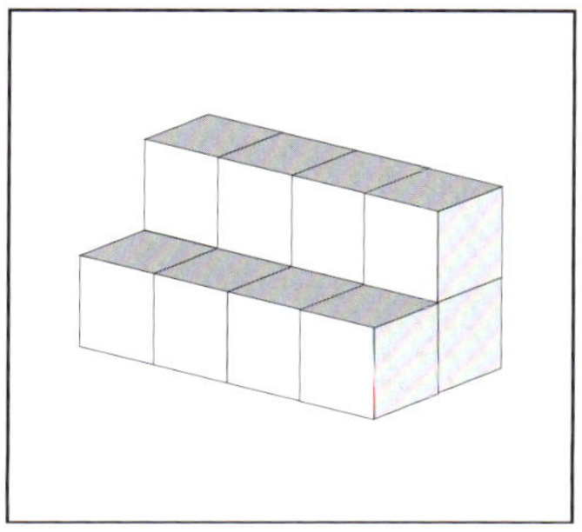

Hilfen: Beginne mit …

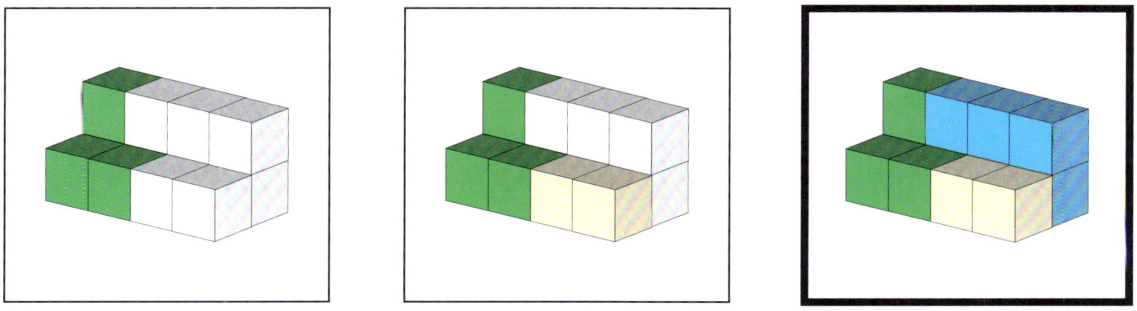

10

Quader

Du brauchst die SOMA Teile **braun**, **grün** und **gelb**

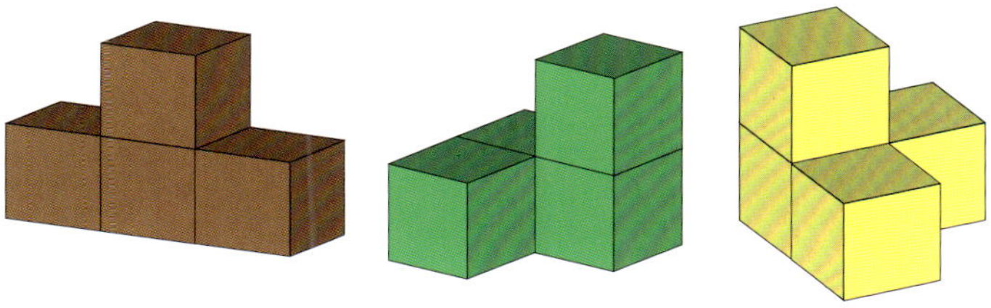

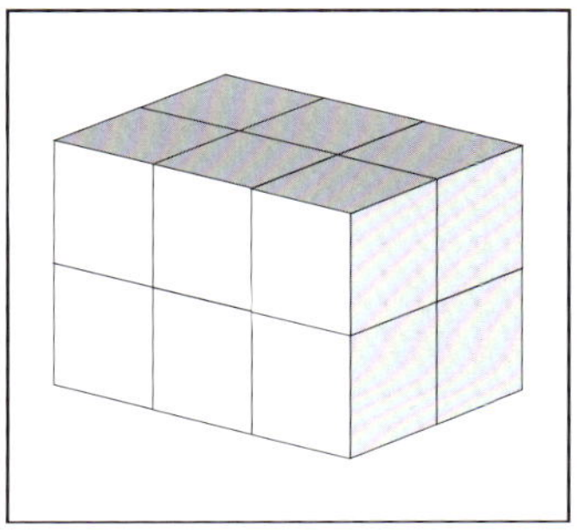

Hilfen: Beginne mit …

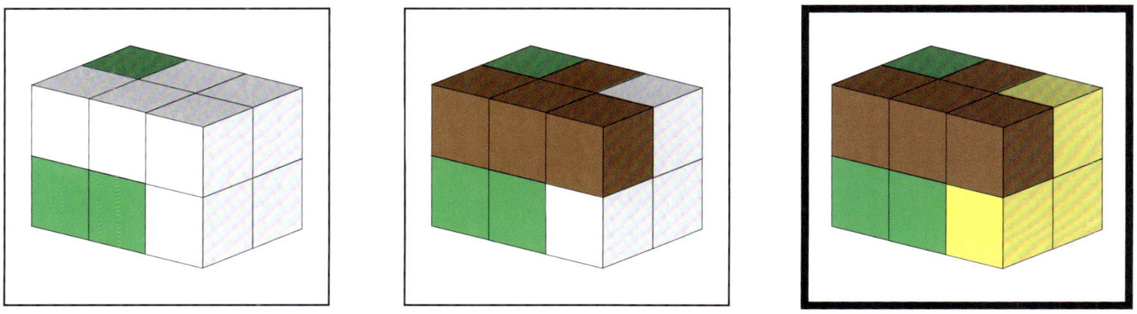

Arbeitskarte 9

Arbeitskarte 10

Arbeitskarte 11 + 12

Kopieren oder heraustrennen und laminieren – fertig zum Einsatz! Hilfen ggf. abdecken (vgl. S. 34/35)

Guckloch

11

Du brauchst die SOMA Teile **schwarz**, **blau** und **braun**

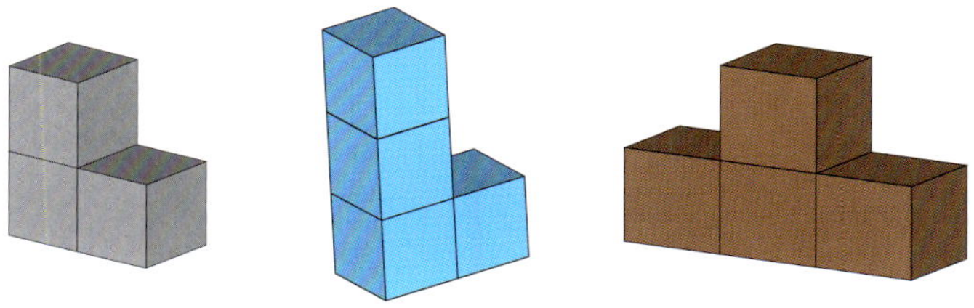

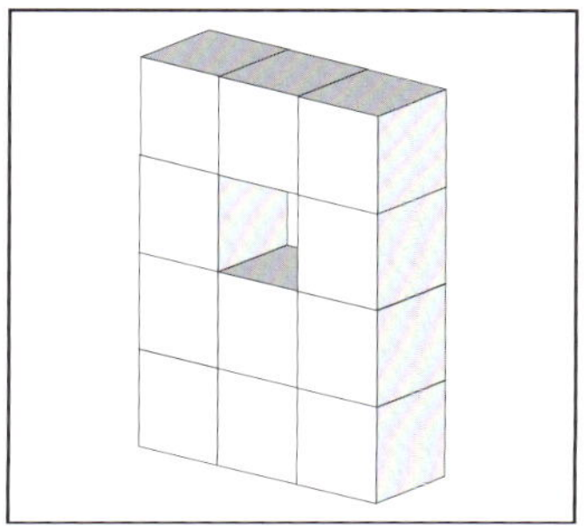

Hilfen: Beginne mit ...

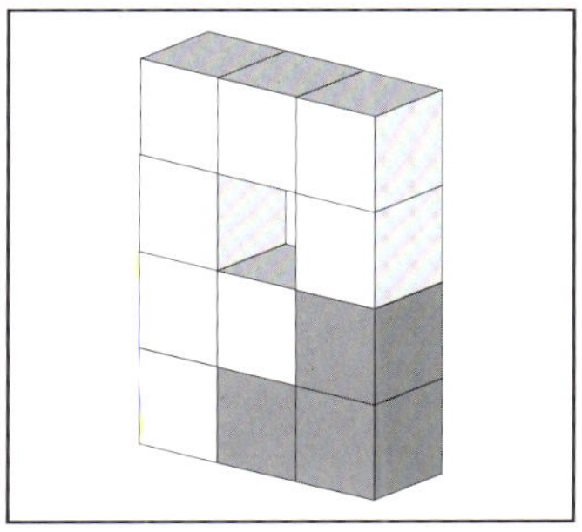

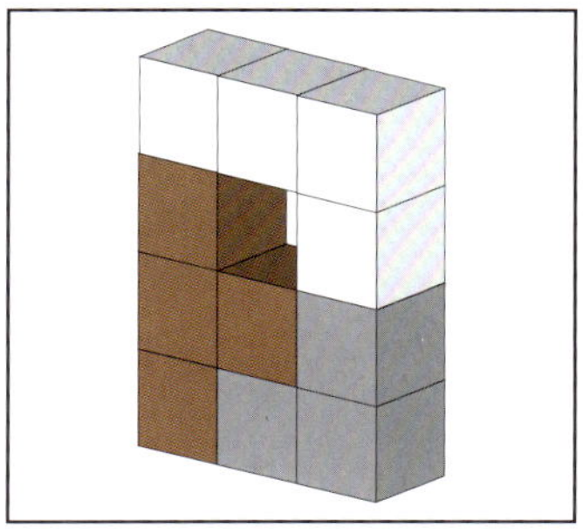

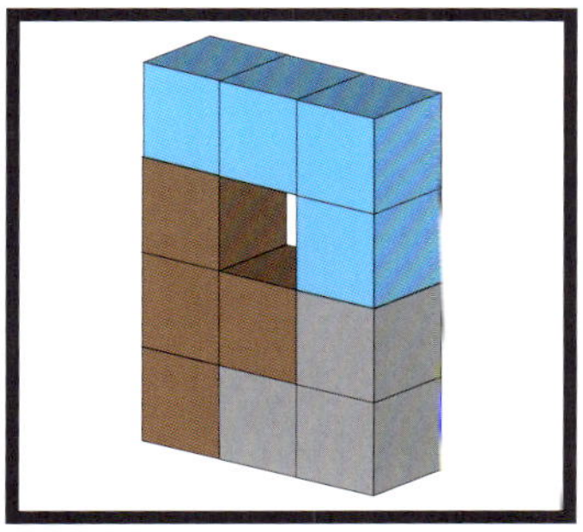

Bequemes Dreier-Sofa

12

Du brauchst die SOMA Teile **rot**, **blau** und **grün**

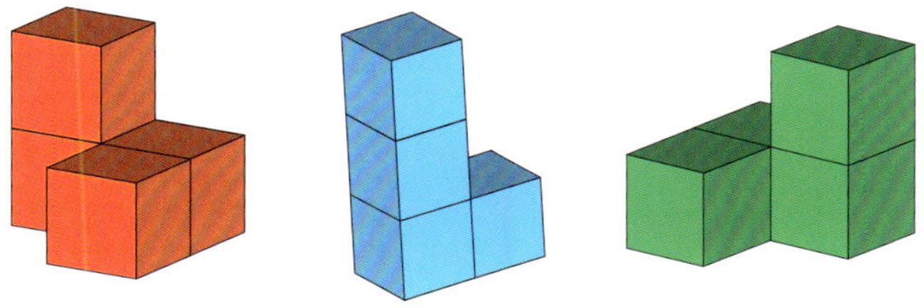

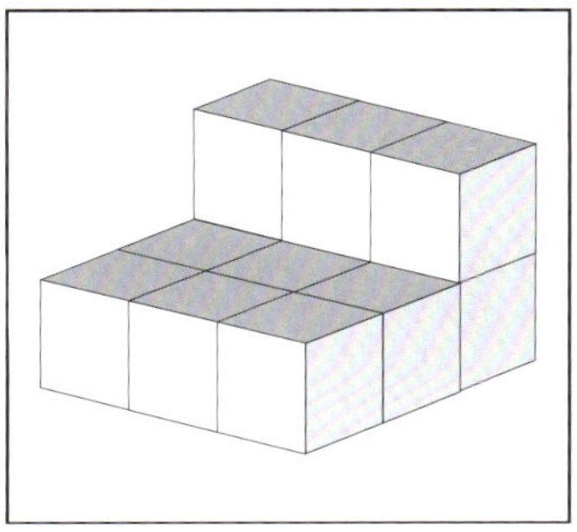

Hilfen: Beginne mit ...

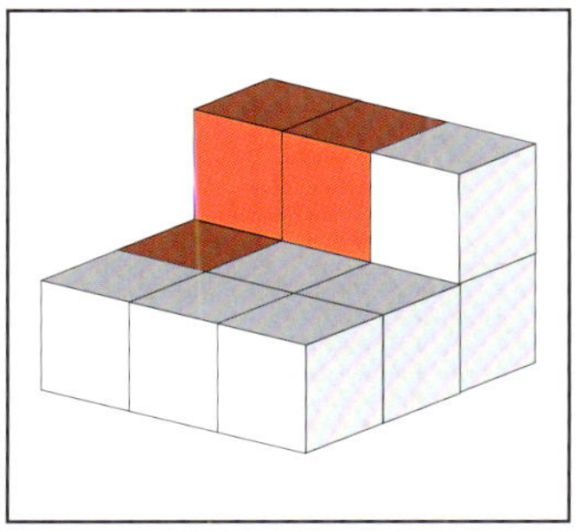

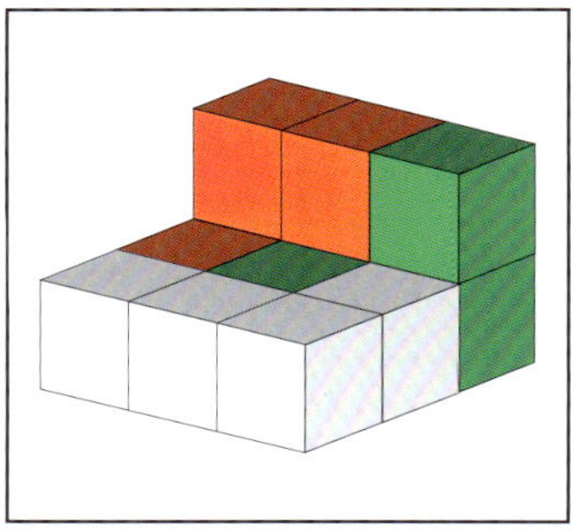

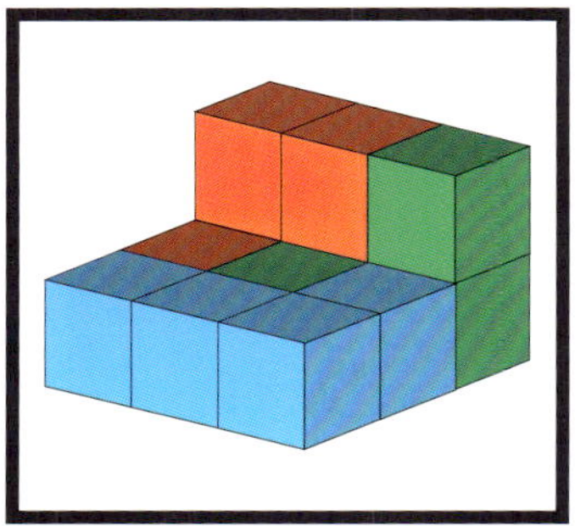

Arbeitskarte 11

Arbeitskarte 12

Arbeitskarte 13 + 14

Kopieren oder heraustrennen und laminieren – fertig zum Einsatz! Hilfen ggf. abdecken (vgl. S. 34/35)

Mauer

13

Du brauchst die SOMA Teile **blau**, natur, **schwarz** und **braun**

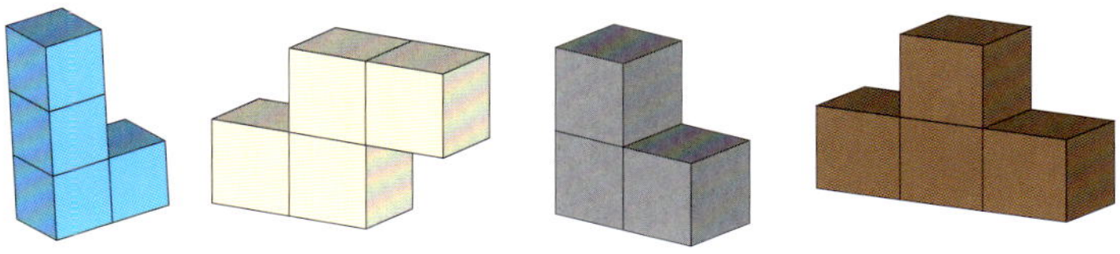

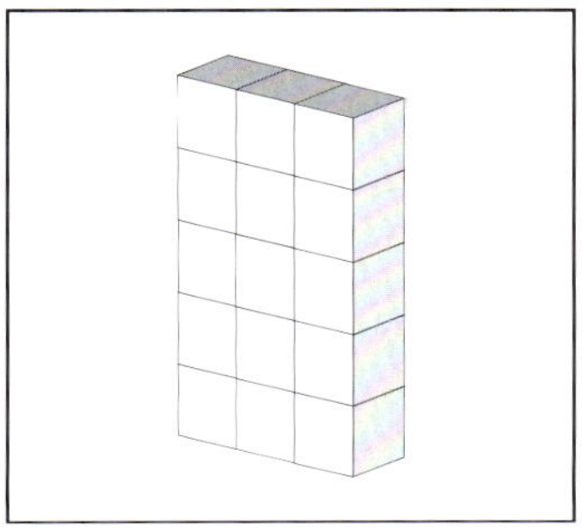

Hilfen: Beginne mit …

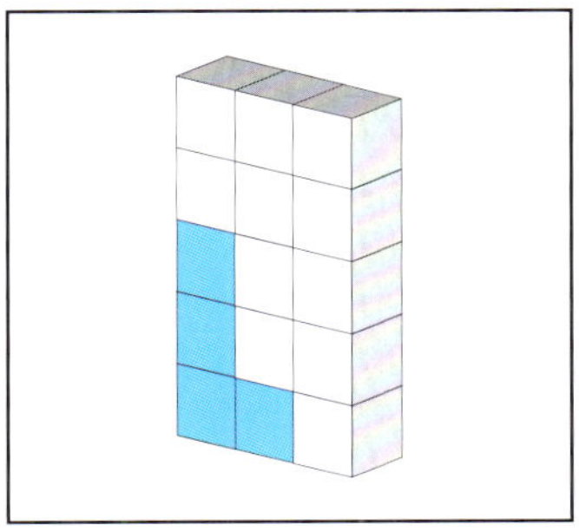

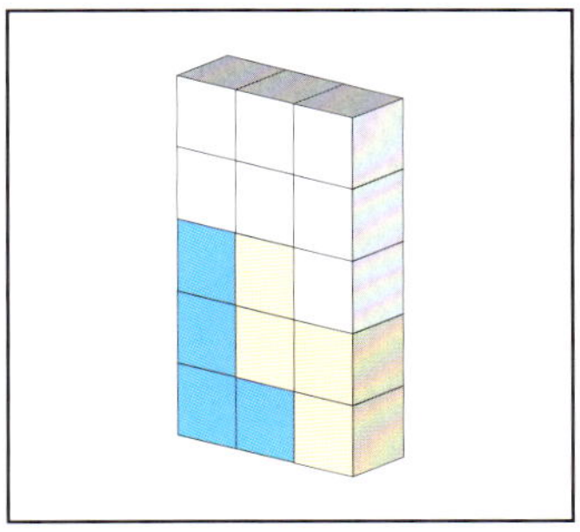

Trainerbank

14

Du brauchst die SOMA Teile **blau**, natur, **schwarz** und **braun**

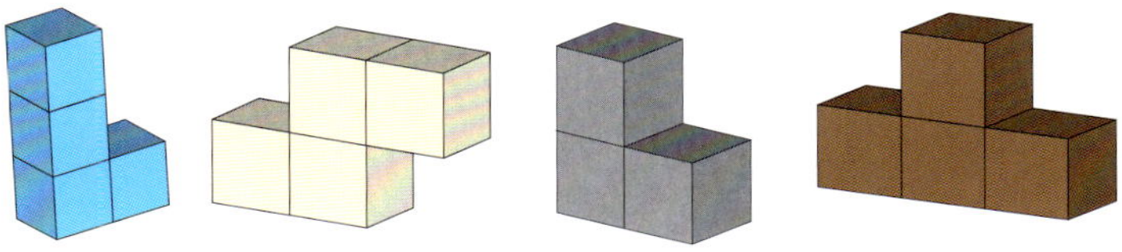

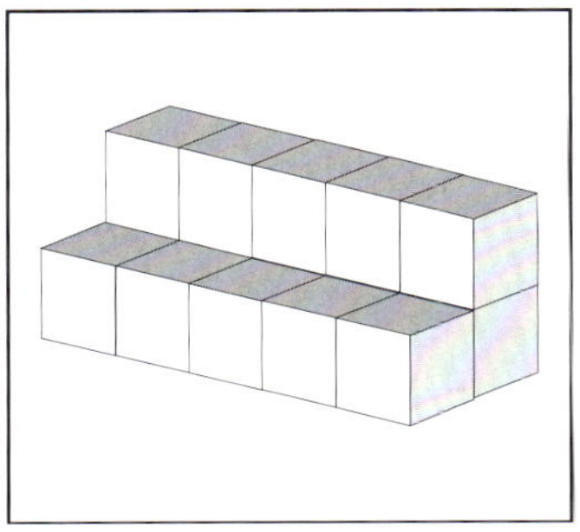

Hilfen: Beginne mit …

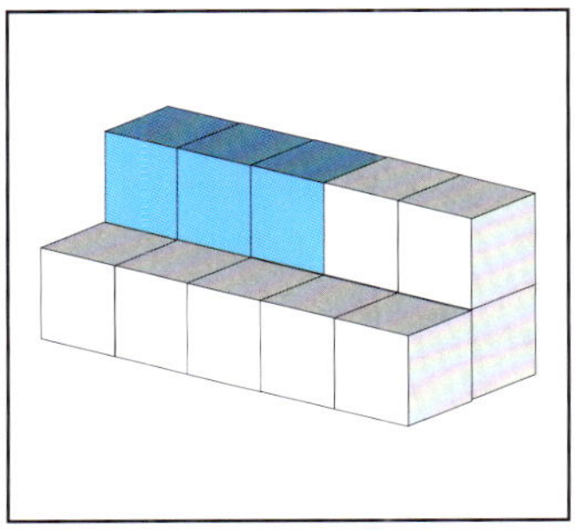

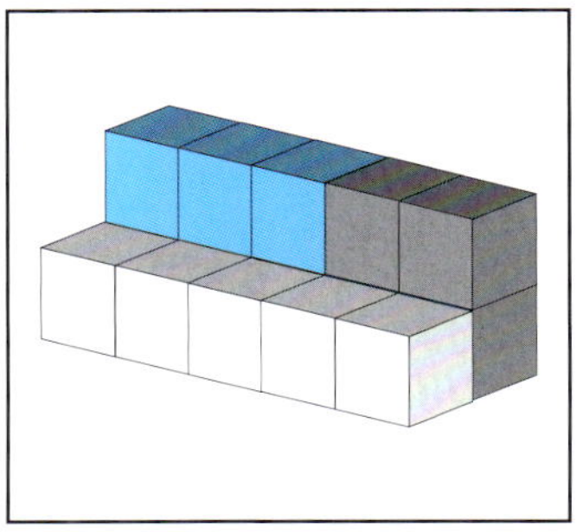

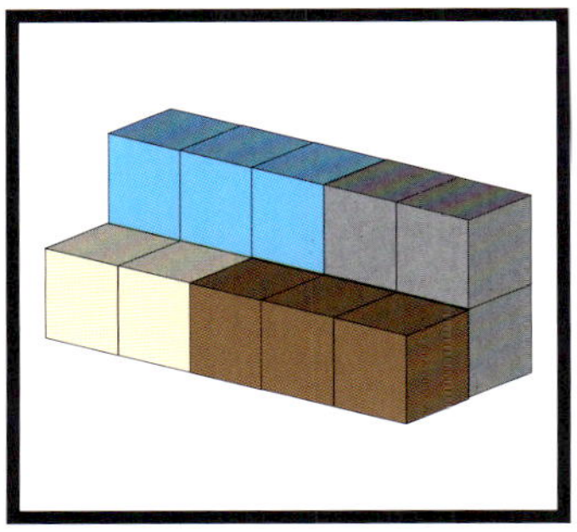

Arbeitskarte 13

Arbeitskarte 14

Arbeitskarte 15 + 16

Kopieren oder heraustrennen und laminieren – fertig zum Einsatz! Hilfen ggf. abdecken (vgl. S. 34/35)

15

Treppe

Du brauchst die SOMA Teile **blau**, **braun**, **schwarz** und **natur**

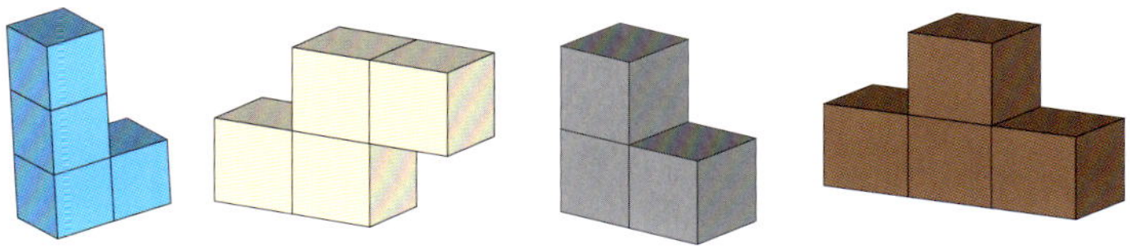

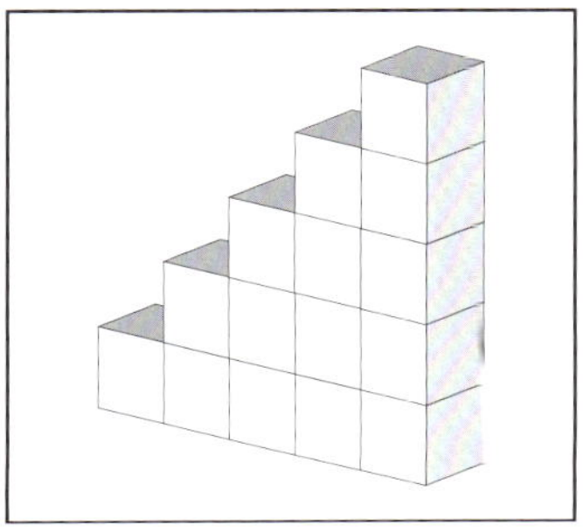

Hilfen: Beginne mit ...

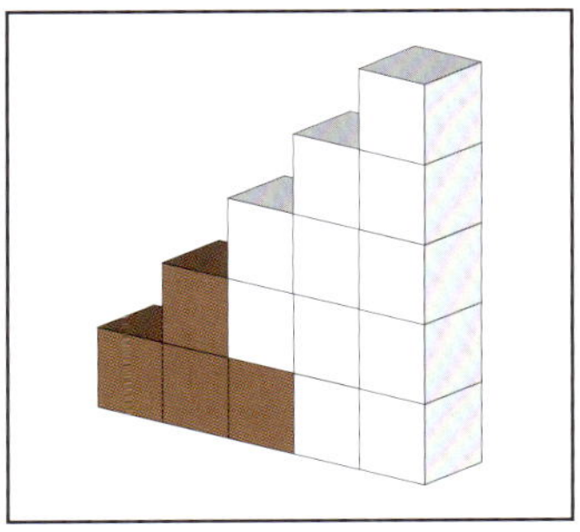

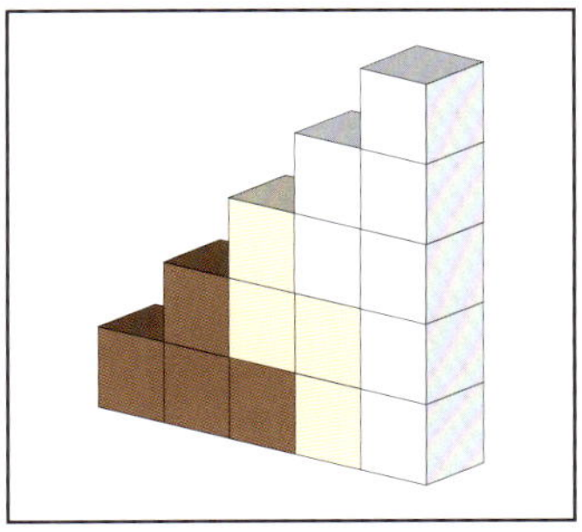

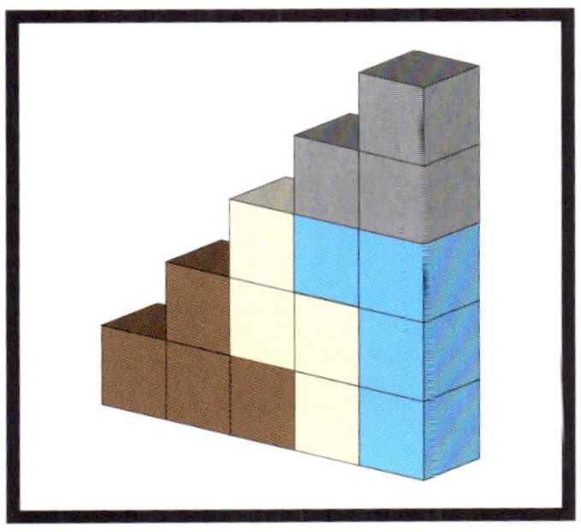

16

Baue dein eigenes Bauwerk (alleine ohne Hilfen)

Z. B. mit folgenden Teilen:

Einzelne Schritte

Arbeitskarte 15

Arbeitskarte 16

5. Unterrichtseinheit zur Förderung (6 Einheiten sowie eine Einführung)

Thema: Der SOMA-Würfel

Die folgende exemplarische Unterrichts- bzw. Fördereinheit gliedert sich in eine Einführungseinheit zur Klärung der individuellen Lernvoraussetzungen der SchülerInnen, die als Hinführung zur Thematik „Raum und Form“ dient. Jede Fördereinheit kann je nach Lernvoraussetzungen und Lernmöglichkeiten der Schülerschaft auch länger als eine Stunde/Doppelstunde behandelt werden. So können z. B. mit SchülerInnen mit besonderem Förderbedarf Wiederholungen zur Förderung im Sinne einer exklusiv ausgerichteten Teilhabe angeboten werden.

Dazu bietet es sich an, sämtliche Aufgaben und Arbeitsblätter, z. B. sowohl für die Einzelarbeit als auch für die Wochenplanarbeit zu kopieren und ggf. zu laminieren, damit sie für eine gezielte Förderung bereitliegen.

Die folgende Übersicht wird auf den folgenden beiden Seiten noch ausführlicher in einer Tabelle dargestellt und bietet in einer Extraspalte Raum für Anmerkungen, die die eigenen SchülerInnen oder Lerngruppen betreffen.

Einführungseinheit – Grundlagen

1. **Fördereinheit – Vom freien Bauen zum Bauplan**
2. **Fördereinheit – Von den Würfeln zu den SOMA-Teilen I**
3. **Fördereinheit – Von den Würfeln zu den SOMA-Teilen II**
4. **Fördereinheit – Der SOMA-Würfel und seine Teile I**
5. **Fördereinheit – Der SOMA-Würfel und seine Teile II**
6. **Fördereinheit – Der SOMA-Würfel**

Am Ende der ausführlicheren Verlaufspläne finden sich jeweils Hinweise zu Inhalten, Sozialformen, Material/Medien, didaktisch-methodischen Kommentaren sowie zu den angestrebten Kompetenzen in Kurzform übersichtlich zusammengestellt.

Als Stundenabschluss dienen farbig markierte Reflexionskarten zum Aufbau einer ritualisierten bewussten Ergebnissicherung (Anhang S. 123/124):

Das war heute wichtig im Unterricht:	**Dazu habe ich noch eine Frage:**
Das kann ich jetzt schon alleine üben:	**Das nächste Mal möchte ich:** – ***lieber wiederholen*** – ***Neues dazu lernen***

Die folgende UE (S. 88/89) wurde in mehreren Klassen erprobt und kann je nach den unterschiedlichen Lernbedürfnissen der Schülerschaft vom Schwierigkeitsgrad her variiert werden, z. B. durch weitere Arbeits- und Übungsblätter aus dem Buch.

Das Kompetenzraster auf S. 87 kann zu einer ersten Klärung individueller Lernausgangslagen dienen. Für entsprechende Förderpläne im Sinne einer Lernverlaufsdiagnostik kann die Vorlage im Anhang S. 119/120 (Bereich Raum und Form) genutzt werden. Zum Verständnis der Zugangsebenen vgl. auch S. 13.

Benötigte Materialien:

Kompetenzraster I (Lernausgangslage) Schuljahr: ____________

Datum: ____________ Name SuS: ____________

Klasse: ____________ Lehrkraft: ____________

Das bedeuten die verschiedenen Zugangsebenen im Kompetenzraster:

Konkret: Vorlage als **konkretes Bauwerk** mit den **konkreten Würfelteilen** nachbauen

Abbildung: Vorlagen mit Hilfe von **Abbildungen (oder Fotos)** der Würfelteile nachbauen

Symbolisch: Vorlagen mit Hilfe von **Bauplänen** nachbauen, auf denen Lage und Anzahl der Einzelwürfel durch Zahlen angegeben sind

1 Schüler/in **orientiert** sich im Raum *(bewegt sich sicher im Raum; kennt sich aus)*

	Ohne Hilfe	Wenig Hilfe	Viel Hilfe
Konkret			
Abbildung			
Symbolisch			

2 Schüler/in **zeigt oder beschreibt** Lage-Beziehungen Im Raum *(z.B. oben, unten, neben ...)*

	Ohne Hilfe	Wenig Hilfe	Viel Hilfe
Konkret			
Abbildung			
Symbolisch			

3 Schüler/in **erkennt** veränderte Perspektiven *(veränderte Sicht auf etwas)*

	Ohne Hilfe	Wenig Hilfe	Viel Hilfe
Konkret			
Abbildung			
Symbolisch			

4 Schüler/in **verfügt über Grundvorstellungen** markanter geometrischer **Flächen** *(Quadrat, Kreis, ...)*

	Ohne Hilfe	Wenig Hilfe	Viel Hilfe
Konkret			
Abbildung			
Symbolisch			

5 Schüler/in **verfügt über Grundvorstellungen** markanter geometrischer **Körper** *(Würfel, ...)*

	Ohne Hilfe	Wenig Hilfe	Viel Hilfe
Konkret			
Abbildung			
Symbolisch			

6 Schüler/in **erkennt** kategorienbildende Merkmale *(rund, eckig, ...)*

	Ohne Hilfe	Wenig Hilfe	Viel Hilfe
Konkret			
Abbildung			
Symbolisch			

Dr. Carin de Vries
in Zusammenarbeit mit Tabea Pütz und Sina-Alisa Strege

Erste Groberfassung individueller Kompetenzen/Kompetenzraster für eine Förderung von SchülerInnen mit Förderbedarf im Anhang.

7 Schüler/in **sortiert** kategoriensuchend geometrische Elemente nach Merkmalen

	Ohne Hilfe	Wenig Hilfe	Viel Hilfe
Konkret			
Abbildung			
Symbolisch			

8 Schüler/in **verbindet** zusammengehörige Elemente nach Vorgabe *(z.B. SOMA-Teile-Kombinationen)*

	Ohne Hilfe	Wenig Hilfe	Viel Hilfe
Konkret			
Abbildung			
Symbolisch			

9 Schüler/in **baut** nach Vorgaben mit Einzel-Würfeln *(nach Modell, nach Abb., nach Bauplan)*

	Ohne Hilfe	Wenig Hilfe	Viel Hilfe
Konkret (Bauwerk)			
Abbildung (z. B. Foto)			
Symbolisch (Bauplan)			

10 Schüler/in **baut** nach Vorgaben mit SOMA-Teilen *(nach Modell, nach Abb., nach Bauplan)*

	Ohne Hilfe	Wenig Hilfe	Viel Hilfe
Konkret (Bauwerk)			
Abbildung (z. B. Foto)			
Symbolisch (Bauplan)			

11 Schüler/in **baut** kompletten SOMA-Würfel nach *(nach Modell, nach Abb., nach Bauplan)*

	Ohne Hilfe	Wenig Hilfe	Viel Hilfe
Konkret (Bauwerk)			
Abbildung (z. B. Foto)			
Symbolisch (Bauplan)			

12 Schüler/in **baut** kompletten SOMA-Würfel ohne Vorgaben **frei** *selbstständig* zusammen

	Ohne Hilfe	Wenig Hilfe	Viel Hilfe
Konkret			

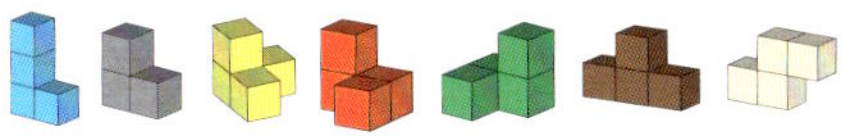

Die Aneignung geometrischer Kompetenzen verläuft bei jedem Menschen unterschiedlich. Verschiedene Aneignungsniveaus bieten unterschiedliche Zugangsmöglichkeiten für Lerninhalte. Diese werden in der **konkreten/enaktiven Ebene**, der **Abbildungs-/ikonischen Ebene** und der **symbolischen/sprachlichen** Ebene aufeinander aufbauend unterschieden. Wenn es im Geometrieunterricht gelingt, die Lerninhalte so anzubieten, dass die Schüler/innen alle möglichen Aneignungsniveaus nutzen können, kann ein gemeinsamer Bildungsinhalt trotz verschiedener Lernvoraussetzungen gelingen. *(Vgl. Terfloth & Bauersfeld, 2015, S. 104 108)*

Die Nutzung unterschiedlicher Aneignungsniveaus unterstützt individuelle Lernprozesse in der Einzel- oder Kleingruppenförderung und eignet sich zudem besonders für den Einsatz in einem inklusiven Unterricht.

Dr. Carin de Vries
in Zusammenarbeit mit Tabea Pütz und Sina-Alisa Strege

Unterrichtseinheit	Inhalt	Eigene Anmerkungen und Differenzierungen (z. B. verwendete Materialien und Inhalte)
Einführungseinheit: Grundlagen	▶ Kategorien suchendes Sortieren (Einführungsspiel) ▶ Orientierung im Raum (Raumbegriffe) ▶ Übertragung auf Bausteine (Freies Bauen) *Einzelwürfel und Bausteine als Material für Freiarbeit in der Klasse Did. Reserve (Didaktische Reserve = did. Reserve) Make'n Break für jede Stunde möglich*	
1. **Fördereinheit:** Vom freien Bauen zum Bauplan	▶ Bekannte Bauwerke nachbauen / Heranführung an das Material ▶ AB Vorübung Bauplan (Vorübung I), S. 17 ▶ Würfelbaupläne an der Tafel ▶ Domino, Lotto, Memory mit Türmen (did. Reserve) Kap. 4	
2. **Fördereinheit:** Von den Würfeln zu den SOMA-Teilen I	▶ AB Würfelbaupläne zur Vertiefung (did. Reserve) ▶ AB Vorübungen Bauplan – zu den SOMA-Teilen ▶ AB Baupläne ankreuzen und schreiben (Differenzierung) ▶ Domino, Lotto, Memory mit Türmen (did. Reserve) ▶ Übung zur Perspektivenübernahme (Schaumstoffwürfel)	
3. **Fördereinheit:** Von den Würfeln zu den SOMA-Teilen II	▶ Einführungsspiel Tastbeutel ▶ Zuordnung von SOMA-Teilen (in 3 Ebenen) ▶ AB Verbinden (verschieden differenziert, ohne Kombination) ▶ Freies Bauen mit den SOMA-Teilen und Würfeln (Würfel zum Nachbauen) ▶ Domino, Lotto, Memory SOMA-Teile (did. Reserve)	
4. **Fördereinheit:** Der SOMA-Würfel und seine Teile I	▶ SOMA-Würfel Einführung ▶ Domino mit SOMA-Teilen als Einführungsspiel ▶ AB Karten SOMA-Kombinationen (in Partnerarbeit) ▶ AB Verbinden SOMA-Kombinationen (did. Reserve)	

Unterrichtseinheit	Inhalt	Eigene Anmerkungen und Differenzierungen (z. B. verwendete Materialien und Inhalte)
5. **Fördereinheit:** Der SOMA-Würfel und seine Teile II	▶ Lotto als Einführungsspiel mit SOMA-Kombinationen ▶ Architekt/Planer und Baumeister (Partnerarbeit) ▶ Domino SOMA-Kombinationen	
6. **Fördereinheit:** Der SOMA-Würfel	▶ Einführungsspiel Memory SOMA-Kombinationen ▶ Reihenfolge Schwierigkeitsgrad der SOMA-Teile (Vorbereitung Zusammenbau) ▶ SOMA- Würfel bauen in Partnerarbeit ▶ Gemeinsame Anleitung für den SOMA-Würfel finden (eine Möglichkeit) Jeder hat Würfel und Raster zum Nachbauen ▶ Fotostrecke Anleitung Plakat	

Die vorgestellte Unterrichtseinheit (Fördereinheit) versteht sich als **Anregung**; Teile können je nach Lerngruppe auch wiederholt werden.
Als **ritualisierendes übendes Element** wurde zum Einstieg der einzelnen Fördereinheiten je ein spielerisches **warming-up** gewählt.

Als **ritualisierendes Element der Ergebnissicherung** und zur Förderung der Eigenreflexion gibt es farblich markierte Reflexionskarten (siehe Anhang S. 123/124). Grundsätzlich sind alle Übungen und Arbeitsblätter zum flexiblen Einsatz im Rahmen dieser Unterrichtseinheit geeignet und sollten zur Vertiefung und Festigung der Lerninhalte immer wieder genutzt werden.

- Wiederholungen sind möglich / gewünscht, auch die Berücksichtigung aller **Zugangsebenen EIS** (vgl. S. 13: Bau-Material, Abbildung, Bauplan)
- Bewusste Ergebnissicherung am Ende jeder Stunde mit Hilfe der Reflexionskarten ermöglicht eine aktive Einbeziehung der SchülerInnen.
- Zusätzlich können durchgängig Make'n Break Übungen als didaktische Reserve genutzt werden.

Grundsätzlich sind alle Übungen und Arbeitsblätter zum flexiblen Einsatz im Rahmen dieser Unterrichtseinheit geeignet und sollten zur Vertiefung und Festigung der Lerninhalte immer wieder genutzt werden.

Die vorgestellten Übungen / beigefügten Materialien im Buch eignen sich auch sehr gut für den Einsatz im Rahmen von **Wochenplanarbeit**.

Einführungseinheit: Verlaufsplan

Phase / Zeit	Inhalt	Sozialform	Material/ Medien	Did. Meth Kommentar	Kompetenzen
1. Einführung	– Spiel: Kategoriensuchendes Sortieren – Geometrische Grundformen – Geometrische Körper	– Plenum, Stuhlkreis	– Fühlsäckchen – geometrische Formen und Bausteine – Klebeband (zur Markierung)	– Diagnostik (Einschätzung der Vorkenntnisse der SuS*) – Kennenlernen der Materialien – Themeneinführung	– Kenntnis über geometrische Flächen und Körper – Merkmale – Vorstellungsvermögen
2. Vertiefung	– Orientierung im Raum: Handpuppe auf dem Tisch Bzw. Würfel auf/neben/... Becher (Stampfen oder Klatschen bis Signal)	– Plenum – Einzel- oder Partnerarbeit	– Stühle – Würfel pro SuS – Becher pro SuS	– Diagnostik (Einschätzung der Fähigkeiten der SuS) – Förderung der Raumbegriffe – Zugang zum Material	– Orientierung im Raum – Raumbegriffe – Raum-Lage-Beziehung auf verschiedenen Zugangsebenen
	– Nachbauen (einer baut vor, alle bauen nach)	– Plenum	– Würfel	– Übertragung von Raumbegriffen auf das freie Bauen	
Didaktische Reserve	– Make'n Break				
3. Abschluss	– Reflexion der Stunde (Einführung der Reflexionskarten)	– Plenum	– Reflexionskarten	– Reflexion der Thematik und des Verhaltens	– Bewusste Ergebnissicherung

▶ **Ziele der Einführungseinheit erreicht?**
- Vorwissen aktivieren, Erfassen der Lernvoraussetzungen der SuS* (*Schülerinnen und Schüler)
- Raum-Lage-Beziehungen erkennen und benennen, Merkmale geometrischer Grundformen und Körper erkennen und benennen
- Reflexionskarten 1.–4. (1. rot, 2. gelb, 3. grün, 4. blau) erklären und als Abschlussritual einführen *(Kartenrückseiten können jeweilige Farbe tragen)*

Erläuterung **Reflexionskarten**:
(s. S. 123/124)

Das war heute wichtig im Unterricht:

Dazu habe ich noch eine Frage:

Das kann ich jetzt schon alleine üben:

Das nächste Mal möchte ich:
- ***lieber wiederholen***
- ***Neues dazu lernen***

Fördereinheit 1: Verlaufsplan

Phase / Zeit	Inhalt	Sozialform	Material/ Medien	Did. Meth Kommentar	Kompetenzen
1. Einführung	– Freies Bauen mit Einzelwürfeln ▶ bekannte Bauwerke z.B. Haus, Brücke, Turm, Treppe	Gruppenarbeit	– Einzelwürfel	– Heranführung ans Material (Vertiefung)	– Eigenschaften von Einzelwürfeln und einfachen Bauwerken
2. Vertiefung	– AB Vorübungen Freies Bauen – AB Vorübungen Bauplan Türme – Einführung in das Bauen nach Bauplan (s. Kapitel 2)	Einzelarbeit, Plenum Plenum	– AB's: AB 1, 2 Vorübung freies Bauen und Türme – Tafel S. 28–30	– Heranführung an das Bauen mit homogenem Baumaterial – freies Bauen mit 3, 4, 5 Einzelwürfeln – Heranführung an das Bauen nach Bauplan (Grundlage für späteres Bauen mit SOMA-Teilen) – Vertiefung der Thematik der Stunde	– Nachbauen konkret vorgebauter Modelle – Erstes Bauen auf Bauplan – Wiedererkennen und benennen markanter Merkmale
Didaktische Reserve	– Lotto, Domino, Memory mit Türmen (s. Kapitel 4)	Einzelarbeit bzw. Partnerarbeit	– AB's Zusätzliches Material Domino und Memory mit Türmen (S. 39, 57)		
3. Abschluss	– Reflexion der Stunde	Plenum	– Reflexionskarten	– Reflexion der Thematik und des Verhaltens	– Bewusste Ergebnissicherung

▶ **Ziele der Fördereinheit 1 erreicht?**

– Aktivieren des Vorwissens aus der Einführungseinheit
– Kennenlernen und Erproben unterschiedlichster Kombinationen mit Einzelwürfeln
– Erstes Erproben und Bauen auf einfachen Bauplänen
– Bewusste Ergebnissicherung mit Hilfe der eingeführten Reflexionskarten

Erläuterung **Reflexionskarten**:
(s. S. 123/124)

Das war heute wichtig im Unterricht:

Dazu habe ich noch eine Frage:

Das kann ich jetzt schon alleine üben:

Das nächste Mal möchte ich:
– *lieber wiederholen*
– *Neues dazu lernen*

Fördereinheit 2: Verlaufsplan

Phase / Zeit	Inhalt	Sozialform	Material/ Medien	Did. Meth Kommentar	Kompetenzen
1. Einführung	– Wiederholung Würfelbaupläne	– Plenum	– Tafel	– Vertiefung des Verständnisses von Bauplänen	– Bauplan als Bau-Hilfe erkennen und nutzen
2. Vertiefung	– AB Würfelbaupläne	– Einzelarbeit	– AB 3 Würfelbaupläne S. 14 f.	– Übertragung des Gelernten auf neue Aufgaben – Vertiefung des Verständnisses von Bauplänen	– Ersten Umgang mit Bauplänen einüben – Baupläne nutzen
	– AB Bauplan SOMA-Teile – Einführung SOMA-Teile (Welches Teil hat welche Besonderheiten, z.B. Form, Farbe, Ebenen)	– Einzelarbeit – Plenum	– AB 4 S. 29, 30 SOMA-Teile S. 31 – SOMA-Würfel (bunt)	– Hinführung zu den Einzelteilen des SOMA-Würfels (SOMA-Teile) – Kennenlernen der SOMA-Teile (Grundlage für den SOMA-Würfel) – Verständnis für den Aufbau des Würfels	– SOMA-Teile aus Einzelwürfeln bauen und deren Merkmale erkennen und benennen
	– Verbindung von Bauplänen und SOMA-Teilen (AB Baupläne Kreuze an und AB Selber schreiben)	– Einzelarbeit	– AB 5, 6 Zuordnung Bauwerk zu Bauplan S. 17 f.	– Differenziert einsetzbar – Vertiefung des Verständnisses von Bauplänen und SOMA-Teilen	– Wiedererkennen und zuordnen markanter SOMA-Teile
Didaktische Reserve	– Lotto, Memory, Domino mit SOMA-Teilen – Make'n Break	– Einzelarbeit bzw. Partnerarbeit	– AB's Zusätzliches Material (S. 41, 47, 48 und 59)	– Vertiefung der Thematik der Stunde mit Hilfe von Domino, Lotto und Memory	
3. Abschluss	– Übung zur Perspektivenübernahme – Reflexion der Stunde	– Plenum, Stuhlkreis – Plenum	– Schaumstoff-würfel – SOMA-Teile – Reflexionskarten	– Verständnis von Raum-Lage-Beziehung – Einführung in die Erkenntnis von verschiedenen Perspektiven – Reflexion von Thematik und Verhalten	– Raum-Lage-Beziehungen vertiefen – Bewusste Ergebnissicherung

▶ **Ziele der Fördereinheit 2 erreicht?**

- Aktivieren des Vorwissens aus den vorangegangenen Fördereinheiten
- SOMA-Teile aus Einzelwürfeln gezielt zusammenfügen; Erstes Nachbauen und Zuordnung von Bauplänen und kleinen Bauwerken
- Bewusste Ergebnissicherung mit Hilfe der eingeführten Reflexionskarten

Erläuterung **Reflexionskarten**:
(s. S. 123/124)

Das war heute wichtig im Unterricht:

Dazu habe ich noch eine Frage:

Das kann ich jetzt schon alleine üben:

Das nächste Mal möchte ich:
- ***lieber wiederholen***
- ***Neues dazu lernen***

Fördereinheit 3: Verlaufsplan

Phase / Zeit	Inhalt	Sozialform	Material/ Medien	Did. Meth Kommentar	Kompetenzen
1. Einführung	– Einführungsspiel Zuordnung der SOMA-Teile	– Plenum, Stuhlkreis	– Tastbeutel – SOMA-Teile – Zuordnungs-karten	– Vertiefung des Verständnisses für die einzelnen SOMA-Teile und ihre Eigenheiten	– Zuordnung konkreter SOMA-Teile zu Abbildungen
2. Vertiefung	– Vertiefung der Baupläne (AB's Verbinde)	– Einzelarbeit	– AB' s 7, 8, 9, 10, 11 vgl. Kapitel 2.2 (S. 17–20, 103)	– Vertiefung des Verständnisses von Bauplänen und den daraus entstehenden Gebilden und SOMA-Teilen (differenziert einsetzbar)	– Zuordnungen nach erkannten markanten Merkmalen der SOMA-Teile (Abbildungsebene)
	– Freies Bauen mit Einzelwürfeln und SOMA-Teilen	– Einzelarbeit oder Partnerarbeit	– pro SuS einen SOMA-Würfel – Einzelwürfel	– haptischer Umgang mit dem Material – Vertiefung des Verständnisses des Zusammenhangs von Einzelwürfeln und SOMA-Teilen – Vertiefung der Thematik der Stunde	– Verknüpfen von Abbildung zu Bauplan – Erkundung möglicher Kombinationen mit Einzelwürfeln und SOMA-Teilen
Didaktische Reserve	– Lotto, Domino, Memory mit SOMA-Teilen – Make'n Break	– Einzelarbeit oder Partnerarbeit	– AB's zusätzliches Material		
3. Abschluss	– Reflexion der Stunde	– Plenum	– Reflexionskarten	– Selbstreflexion von Thematik und Verhalten	– Bewusste Ergebnissicherung

▶ **Ziele der Fördereinheit 3 erreicht?**

- Aktivieren des Vorwissens aus den vorangegangenen Fördereinheiten
- Zuordnung nach markanten Merkmalen der SOMA-Teile; Verknüpfung SOMA-Teil zu Bauplan
- Erproben neuer Kombinationsmöglichkeiten mit Einzelwürfeln und kombinierten SOMA-Teilen
- Bewusste Ergebnissicherung mit Hilfe der eingeführten Reflexionskarten

Erläuterung **Reflexionskarten**:
(s. S. 123/124)

Das war heute wichtig im Unterricht:

Dazu habe ich noch eine Frage:

Das kann ich jetzt schon alleine üben:

Das nächste Mal möchte ich:
- ***lieber wiederholen***
- ***Neues dazu lernen***

Fördereinheit 4: Verlaufsplan

Phase / Zeit	Inhalt	Sozialform	Material/ Medien	Did. Meth Kommentar	Kompetenzen
1. Einführung	– Einführungsspiel: Domino mit SOMA-Teilen	– Plenum, Stuhlkreis	– AB 12 (S. 41)	– Vertiefung der SOMA-Teile	– Festigung der Merkmale der Teile
2. Vertiefung	– Einführung ins Thema „SOMA-Würfel“ (Zusammensetzen, verschiedene Ansichten, Perspektiven, ...)	– Plenum	– SOMA-Würfel	– Verständnis für den Zusammenhang der einzelnen SOMA-Teile	– zwei oder mehr SOMA-Teile zu Bauwerken kombinieren – Nachbauen
	– Kombinationen der einzelnen SOMA-Teile	– Partnerarbeit	– einen SOMA-Würfel pro Partnergruppe – AB's 13-20 Kp. 4.4; S. 69–84	– Umgang mit SOMA-Teilen – Heranführung an das Zusammenbauen verschiedener Teile – Hinführung zum Zusammenbauen des SOMA-Würfels	– Bauwerke aus verschiedenen Perspektiven wiedererkennen
	– Vertiefung der SOMA-Kombinationen	– Einzelarbeit	– AB's 21-23 (vgl. S. 31–33)	– Vertiefung der Thematik (differenziert einsetzbar)	
Didaktische Reserve	– Domino, Memory, Lotto mit SOMA-Kombinationen – Make'n Break	– Einzelarbeit oder Partnerarbeit	– AB's zusätzliches Material (S. 43, 51, 61)	– Vertiefung der Thematik der Stunde	
3. Abschluss	– Reflexion der Stunde	– Plenum	– Reflexionskarten	– Reflexion der Thematik und des Verhaltens	– Bewusste Ergebnissicherung

▶ **Ziele der Fördereinheit 4 erreicht?**

– Aktivieren des Vorwissens aus den vorangegangenen Fördereinheiten
– Erprobung, Vertiefung und Wiedererkennen unterschiedlicher Kombinationen aus zwei, drei SOMA-Teilen miteinander; verschiedene Perspektiven
– Bewusste Ergebnissicherung mit Hilfe der eingeführten Reflexionskarten

Erläuterung **Reflexionskarten:**
(s.S. 123/124)

Das war heute wichtig im Unterricht:

Dazu habe ich noch eine Frage:

Das kann ich jetzt schon alleine üben:

Das nächste Mal möchte ich:
– *lieber wiederholen*
– *Neues dazu lernen*

Fördereinheit 5: Verlaufsplan

Phase / Zeit	Inhalt	Sozialform	Material / Medien	Did. Meth Kommentar	Kompetenzen
1. Einführung	– Einführungsspiel: Lotto mit SOMA-Kombinationen	– Plenum	– AB 24 (vgl. S. 51)	– Vertiefung der Kombinationen und Zusammenarbeit der einzelnen SOMA-Teile	– Festigung von Kombinationen von SOMA-Teilen
2. Vertiefung	– Interaktives Arbeitsblatt „Architekt und Baumeister“ – Domino mit SOMA-Kombinationen	– Partnerarbeit – Plenum, Einzel- oder Partnerarbeit – Einzelarbeit oder Partnerarbeit	– AB 25 – Einteilungskarten „Architekt und Baumeister“ (S. 21) vgl. Kp. 2.4; S. 22–26 – AB 26 (S. 43)	– Vertiefung der Kenntnisse über die SOMA-Teile und die Baupläne zu einzelnen Bauwerken – Vertiefung der SOMA-Kombinationen – Vertiefung der Thematik der Stunde	– Partnerarbeit mit Hilfe von Rollenkarten einüben – Wechsel der Rolle von Architekt zu Baumeister und umgekehrt – Umsetzung von Bauplänen – Baupläne schreiben
Didaktische Reserve	– Memory mit SOMA-Kombinationen – Make’n Break		– AB zusätzliches Material (S. 61)		
3. Abschluss	– Reflexion der Stunde	– Plenum	– Reflexionskarten	– Reflexion der Thematik und des Verhaltens	– Bewusste Ergebnissicherung

▶ **Ziele der Fördereinheit 5 erreicht?**

– Aktivieren des Vorwissens aus den vorangegangenen Fördereinheiten
– Spielerische Festigung von unterschiedlichen Kombinationsmöglichkeiten mehrerer SOMA-Teile; Aufbau von abrufbaren „Stützpunktvorstellungen“
– Kreative Rollengestaltung von Architekt und Baumeister (im Wechsel); Baupläne lesen und umsetzen; Schreiben von Bauplänen
– Bewusste Ergebnissicherung mit Hilfe der eingeführten Reflexionskarten

Erläuterung **Reflexionskarten**:
(s. S. 123/124)

Das war heute wichtig im Unterricht:	**Dazu habe ich noch eine Frage:**	**Das kann ich jetzt schon alleine üben:**	**Das nächste Mal möchte ich:** **– *lieber wiederholen*** **– *Neues dazu lernen***

Fördereinheit 6: Verlaufsplan

Phase / Zeit	Inhalt	Sozialform	Material/ Medien	Did. Meth Kommentar	Kompetenzen
1. Einführung	– Einführungsspiel: Memory mit SOMA-Kombinationen	– Plenum, Stuhlkreis	– AB 27 (S. 61)	– Wiederholung der SOMA-Kombinationen (Wissenssicherung) – Einführung in die Thematik	– Aufbau und Festigung sog. Stützpunktvorstellungen
2. Vertiefung	– Bildung einer Reihenfolge der SOMA-Teile als Bildkartenanleitung (Fotostrecke)	– Plenum	– SOMA-Würfel (einer pro SchülerIn) – SOMA-Teile Zuordnungskarten	– Vorbereitung für den Bau eines gesamten SOMA-Würfels (ggf. mit Hilfen)	– Reihenbildung von Arbeitsschritten zum Zusammenbau eines SOMA-Würfels
	– Bau eines SOMA-Würfels	– Partnerarbeit	– SOMA-Teile farbig	– Anwendung des Gelernten	– Raum-Lage-Beziehungen
	– Gemeinsames Bauen des SOMA-Würfels, Erstellung eines Plakats (Fotostrecke mit Lösung)	– Plenum	– Plakat – Fotos von einzelnen Bauschritten – SOMA-Teile Abbildungen	– Vermittlung einer Lösungsmöglichkeit des SOMA-Würfels – Erfahrungen sammeln mit dem Zusammenbau eines gesamten SOMA-Würfels	– Räumliches Vorstellungsvermögen – Handlungsplan erstellen – Handlungsplan lesen und umsetzen
Didaktische Reserve	– Lotto, Domino,Memory mit SOMA-Kombinationen – Make'n Break	– Einzel- oder Partnerarbeit	– AB zusätzliches Material (S. 43 f.)	– Vertiefung der Thematik der Stunde	
3. Abschluss	– Reflexion der Stunde – Reflexion der Fördereinheit	– Plenum	– Reflexionskarten	– Reflexion der Thematik und des Verhaltens	– Bewusste Ergebnissicherung

▶ **Ziele der Fördereinheit 6 erreicht?**

– Aktivieren des Vorwissens aus den vorangegangenen Fördereinheiten
– Aufbau und Festigung stabiler und abrufbarer „Stützpunktvorstellungen" (zwei oder drei Teile ergeben bestimmte Kombinationsformen)
– Erlesen eines Handlungsplans zum Zusammenbau eines ganzen SOMA-Würfels
– Bewusste Ergebnissicherung mit Hilfe der eingeführten Reflexionskarten

Erläuterung **Reflexionskarten**:
(s. S. 123/124)

Das war heute wichtig im Unterricht:

Dazu habe ich noch eine Frage:

Das kann ich jetzt schon alleine üben:

Das nächste Mal möchte ich:
– *lieber wiederholen*
– *Neues dazu lernen*

5.2 Materialliste für die Unterrichtseinheit zum SOMA-Würfel
(Pro Lerngruppe / Klasse)

Grundsätzlich können alle Arbeitsblätter mit in die Stunden der UE oder Förderung mit einbezogen werden.

- Klassensatz Holzwürfel (einzelne Würfel)
- Klassensatz SOMA-Würfel (natur, zum selber Bemalen)

Arbeitsblätter aus diesem Heft:

- Rollenkarten Architekt und Baumeister (laminiert) (21)
- Arbeitskarten SOMA-Kombinationen
- Domino, Memory, Lotto Türme (laminiert)
  SOMA-Teile natur und farbig (laminiert)
  SOMA-Kombinationen (laminiert)
- Reflexionskarten (rot, gelb, grün, blau)
- Schaumstoffwürfel (mit Zahlen oder Farben)
- Fühlbeutel
- laminierte Karten mit SOMA-Teilen (farbig und natur) für den Fühlbeutel
- Raster zum Bauen des SOMA-Würfels (3 × 3 × 3)
- Plakat und Fotostrecke (Anleitung SOMA-Würfel)

Einführungsstunde:
- Tastbeutel
- Geometrische Grundformen (Plättchen)
- Geometrische Körper (Kugel, Würfel, Zylinder)
- Reflexionskarten

Stunde 1:
- Klassensatz Holzwürfel
- Arbeitsblätter Vorübungen
  Bauplan Türme
  Vorübungen Freies Bauen
  Würfelbaupläne
- Domino, Memory, Lotto mit Türmen und Einzelwürfeln (laminiert)
- Reflexionskarten (rot, gelb, grün, blau)

Stunde 2:
- Arbeitsblätter Vorübungen
  Bauplan SOMA-Teile
  Baupläne finden & schreiben
- Schaumstoffwürfel
- Lotto Spiel-Türme (laminiert)
- Reflexionskarten (rot, gelb, grün, blau)

Stunde 3:
- Fühlbeutel
- Klassensatz SOMA-Würfel (natur)
- laminierte Karten mit SOMA-Teilen
- Arbeitsblätter: Verbinde … (laminiert)
- Lotto, Memory, Domino SOMA-Teile (farbig und natur) (laminiert)
- Reflexionskarten (rot, gelb, grün, blau)

Stunde 4:
- Memory SOMA-Teile (laminiert)
- Arbeitskarten SOMA-Kombinationen (laminiert)
- AB Verbinde SOMA-Kombinationen (laminiert)
- Reflexionskarten (rot, gelb, grün, blau)

Stunde 5:
- Lotto SOMA-Kombinationen
- Arbeitsblätter Architekt und Baumeister
- Zuordnungskarten Architekt und Baumeister (laminiert)
- Domino SOMA-Kombinationen (laminiert)
- Reflexionskarten (rot, gelb, grün, blau)

Stunde 6:
- Memory SOMA-Kombinationen (laminiert)
- Raster für jede/n Schüler/in (3 × 3 × 3) für SOMA-Würfel
- Plakat und Fotostrecke* (Anleitung SOMA-Würfel)
- Reflexionskarten (rot, gelb, grün, blau)

*youtube.com (SOMA CUB puzzle solution), youtube.com (7 piece wooden puzzle)

Als nachhaltige Übungsmöglichkeit und Ergebnissicherung können Arbeitskarten und Kisten für eine ritualisierte Freiarbeit aus der UE heraus gestaltet werden, ggf. auch mit den SchülerInnen zusammengestellt werden.

6. Literatur „Lernbereich Raum und Form"

de Vries, C. ([3]2014). Mathematik im Förderschwerpunkt Geistige Entwicklung. Grundlagen und Übungsvorschläge für Diagnostik und Förderung im Rahmen eines erweiterten Mathematikverständnisses. Dortmund: verlag modernes lernen.

Franke, M. (2011). Didaktik der Geometrie in der Grundschule (2.Aufl.). Heidelberg: Spektrum.

Franke, M. & Reinhold, S. (2016). Didaktik der Geometrie in der Grundschule: Mathematik Primarstufe und Sekundarstufe 1. Berlin: Springer.

Freudenthal, H. (1973). Mathematik als pädagogische Aufgabe (2. Band). Stuttgart: Kohlhammer.

Hirt, U. & Luginbühl, S. (2003). Schauen und Bauen 2: Spiele mit dem SOMA-Würfel. Seelze: Friedrich.

Maier, P. H. (1999). Räumliches Vorstellungsvermögen. Frankfurt a. M.: Peter Lang (Dissertation).

Niedersächsisches Kultusministerium (Hrsg.) (2007): Kerncurriculum für den Förderschwerpunkt Geistige Entwicklung – Schuljahrgänge 1–9. Hannover.

Radatz, H. & Rickmeyer. K. (1991). Handbuch für den Geometrieunterricht an Grundschulen. Hannover: Spektrum.

Radatz, H. & Rieckmeyer, K. (1996). Aufgaben zur Differenzierung im Mathematikunterricht an Grundschulen. Hannover: Schroedel-Schulbuchverlag.

Radatz, H & Schipper, W. (2002). Handbuch für den Mathematikunterricht an Grundschulen. Hannover: Schroedel.

Radatz, H & Schipper, W. (2007). Impulse für den Mathematikunterricht. Braunschweig: Schroedel

Rickmeyer, K. (2007). Übungen mit den Somawürfel-Steinen. Ein Beitrag zur Förderung des räumlichen Vorstellens und Denkens. In: Lorenz, J. H.; Schipper, W. (Hrsg.): Hendrik Raddatz – Impulse für den Mathematikunterricht. Braunschweig:

Solzbacher, H. ([3]2016). Von der Dose bis zur Arbeitsmappe. Dortmund: BORGMANN MEDIA.

Spiegel, H. (2005). Potzklotz (Spiel mit Vorlagen aus 3–5 Einzel-Würfeln). Seelze: Kallmeyer.

Wollring, B. (2008): Mit Ecken und Kanten. Kompetenzerwerb im Bereich Raum und Form. In: Grundschule 40 (4), 28–31. Westermann, Braunschweig.

Unter folgenden youtube.com Seiten findet sich je eine Anleitung für einen ersten Selbstversuch zum Zusammenbau aller sieben SOMA-Teile zu einem SOMA-Würfel:

- youtube.com (SOMA CUB puzzle solution)
- youtube.com (7 pieces wooden puzzle)

Dies kann dazu motivieren, selber mit den Schülern eine Schritt-für-Schritt Anleitung fotografisch zu gestalten.

7. Anhang

1. Das war heute wichtig im Unterricht *(rot)*
2. Dazu habe ich noch eine Frage *(gelb)*
3. Das kann ich jetzt schon alleine üben *(grün)*
4. Das nächste Mal möchte ich *(blau)*
   – lieber wiederholen
   – Neues dazulernen

7. Anhang:
Einblicke in mögliche Stationsarbeit zum SOMA-Würfel

Beispiel: 6 Stationen zum Umgang mit dem SOMA-Würfel:

1) *Differenziertes Übungsformat Memory SOMA Würfelteile & ganzer Würfel*
2) *Differenzierte Übungen mit einem oder zwei Tastbeuteln*
3) *Differenzierte Übungen zu Bauplänen, Einzelwürfeln & SOMA-Teilen*
4) *Differenzierte Hilfen zu Rätselbauplänen (rote und grüne Streifen)*
5) *Differenziertes Übungsangebot zu verschiedenen Perspektiven*
6) *Differenzierte Übungen zum Alltagsbezug (Formen und Körper in der Umwelt)*

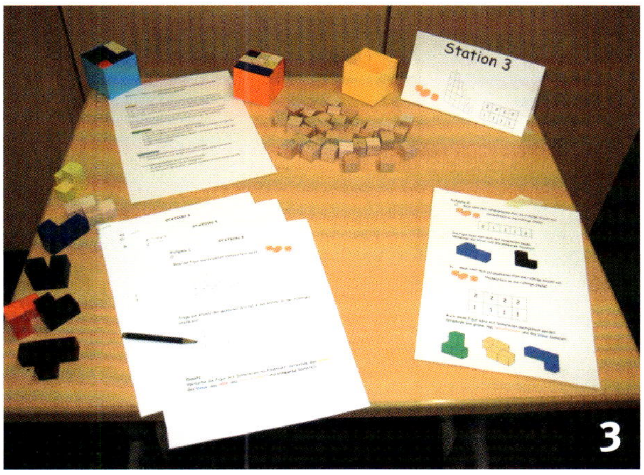

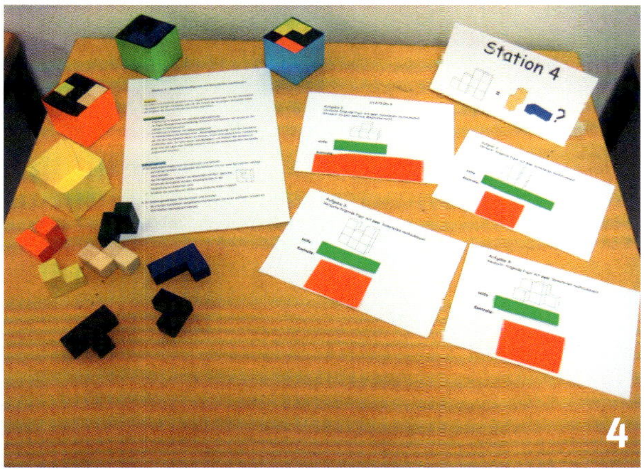

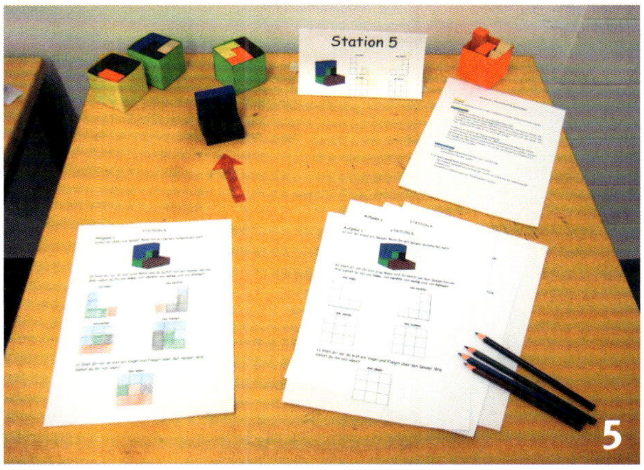

Weitere Spiel- und Materialhinweise zur Förderung des räumlichen Vorstellungsvermögens in Fläche und Raum

Strukturiertes Lege- und Konstruktionsmaterial:

- Geostadt (Mildenberger Verlag; Körper- und Flächenkombinationen)
- Logische Blöcke (Kreis, Dreieck, Viereck, Rechteck – Farbe, Form, Größe, Dicke)
- Geometrische Körper (z. B. von Betzold, Backwinkel, Schubi, Lehrmittel Schmidt ...)
- Geometrische Körper und Körpernetze (Vertrieb s. o.)
- Steckwürfel (z. B. von Betzold, Mildenberger. u. a.)
- Xeo Steckteile für Körperbauten (z. B. Betzold)
- Fröbel Bauklötze
- Potz Klotz
- Montessori-Materialien

Spiele:

- Jenga
- Duplo- und Legosteine
- Make'n Break
- Ubongo
- Tangram
- Blokus

Baumaterial:

- Fröbel Blöcke
- Brio Eisenbahn
- PeradixSoftware

Softwareprogramm zum Erstellen eigener Aufgaben:

- SketchUp (zum Erstellen eigener Baupläne und Würfelgebilde als Zeichnung)
  Schritt für Schritt Anleitung herunterladen unter:
  http://www.chip.de/downloads/sketchup-make_19028747
  (kostenlos)

Weitere Beispiele für Bildkarten als Bauvorlagen zum Üben und Nachbauen:
(diese können später auch teilweise abgedeckt werden als herausfordernde Aufgabe)

7.a Einzelwürfel zu kleinen markanten Bauwerken zusammenfügen:

Bauvorlage Einzelwürfel
Bauvorlage Einzelwürfel
Bauvorlage Einzelwürfel
Bauvorlage Einzelwürfel
Bauvorlage Einzelwürfel
Bauvorlage Einzelwürfel
Bauvorlage Einzelwürfel
Bauvorlage Einzelwürfel
Bauvorlage Einzelwürfel
Bauvorlage Einzelwürfel
Bauvorlage Einzelwürfel
Bauvorlage Einzelwürfel
Bauvorlage Einzelwürfel
Bauvorlage Einzelwürfel
Bauvorlage Einzelwürfel
Bauvorlage Einzelwürfel
Bauvorlage Einzelwürfel
Bauvorlage Einzelwürfel
Bauvorlage Einzelwürfel
Bauvorlage Einzelwürfel
Bauvorlage Einzelwürfel
Bauvorlage Einzelwürfel
Bauvorlage Einzelwürfel
Bauvorlage Einzelwürfel
Bauvorlage Einzelwürfel
Bauvorlage Einzelwürfel
Bauvorlage Einzelwürfel
Bauvorlage Einzelwürfel
Bauvorlage Einzelwürfel
Bauvorlage Einzelwürfel
Bauvorlage Einzelwürfel
Bauvorlage Einzelwürfel
Bauvorlage Einzelwürfel
Bauvorlage Einzelwürfel
Bauvorlage Einzelwürfel
Bauvorlage Einzelwürfel
Bauvorlage Einzelwürfel
Bauvorlage Einzelwürfel
Bauvorlage Einzelwürfel
Bauvorlage Einzelwürfel
Bauvorlage Einzelwürfel
Bauvorlage Einzelwürfel
Bauvorlage Einzelwürfel
Bauvorlage Einzelwürfel
Bauvorlage Einzelwürfel
Bauvorlage Einzelwürfel
Bauvorlage Einzelwürfel
Bauvorlage Einzelwürfel
Bauvorlage Einzelwürfel
Bauvorlage Einzelwürfel
Bauvorlage Einzelwürfel
Bauvorlage Einzelwürfel
Bauvorlage Einzelwürfel
Bauvorlage Einzelwürfel
Bauvorlage Einzelwürfel
Bauvorlage Einzelwürfel
Bauvorlage Einzelwürfel
Bauvorlage Einzelwürfel

Weitere Beispiele für Bildkarten als Bauvorlagen zum Üben und Nachbauen:

7.b Hier siehst Du naturfarbene Soma-Teile; Baue mit Einzelwürfeln jedes nach:

Bauvorlage Rewood natur
Bauvorlage Rewood natur
Bauvorlage Rewood natur
Bauvorlage Rewood natur
Bauvorlage Rewood natur
Bauvorlage Rewood natur
Bauvorlage Rewood natur
Bauvorlage Rewood natur
Bauvorlage Rewood natur
Bauvorlage Rewood natur
Bauvorlage Rewood natur
Bauvorlage Rewood natur
Bauvorlage Rewood natur
Bauvorlage Rewood natur
Bauvorlage Rewood natur
Bauvorlage Rewood natur
Bauvorlage Rewood natur
Bauvorlage Rewood natur
Bauvorlage Rewood natur
Bauvorlage Rewood natur
Bauvorlage Rewood natur
Bauvorlage Rewood natur
Bauvorlage Rewood natur
Bauvorlage Rewood natur
Bauvorlage Rewood natur
Bauvorlage Rewood natur
Bauvorlage Rewood natur
Bauvorlage Rewood natur
Bauvorlage Rewood natur
Bauvorlage Rewood natur
Bauvorlage Rewood natur
Bauvorlage Rewood natur
Bauvorlage Rewood natur
Bauvorlage Rewood natur
Bauvorlage Rewood natur
Bauvorlage Rewood natur
Bauvorlage Rewood natur
Bauvorlage Rewood natur
Bauvorlage Rewood natur
Bauvorlage Rewood natur
Bauvorlage Rewood natur
Bauvorlage Rewood natur
Bauvorlage Rewood natur
Bauvorlage Rewood natur
Bauvorlage Rewood natur
Bauvorlage Rewood natur
Bauvorlage Rewood natur
Bauvorlage Rewood natur
Bauvorlage Rewood natur
Bauvorlage Rewood natur
Bauvorlage Rewood natur
Bauvorlage Rewood natur
Bauvorlage Rewood natur
Bauvorlage Rewood natur
Bauvorlage Rewood natur
Bauvorlage Rewood natur
Bauvorlage Rewood natur
Bauvorlage Rewood natur
Bauvorlage Rewood natur
Bauvorlage Rewood natur

Beispiele für Bildkarten als Bauvorlagen zum Üben und Nachbauen:
(diese können später auch halb abgedeckt werden als herausfordernde Aufgabe)

7.c Naturfarbene Bauwerke mit farbigen SOMA-Teilen nachbauen:

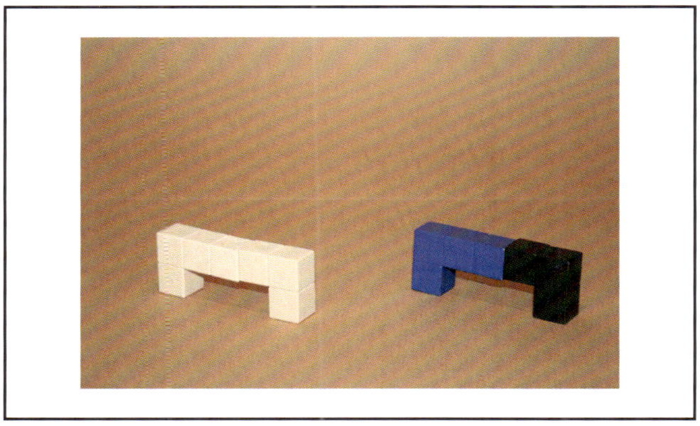

Bauvorlage Figuren-Kombi
Bauvorlage Figuren-Kombi
Bauvorlage Figuren-Kombi
Bauvorlage Figuren-Kombi
Bauvorlage Figuren-Kombi
Bauvorlage Figuren-Kombi
Bauvorlage Figuren-Kombi
Bauvorlage Figuren-Kombi
Bauvorlage Figuren-Kombi
Bauvorlage Figuren-Kombi
Bauvorlage Figuren-Kombi
Bauvorlage Figuren-Kombi
Bauvorlage Figuren-Kombi
Bauvorlage Figuren-Kombi
Bauvorlage Figuren-Kombi
Bauvorlage Figuren-Kombi
Bauvorlage Figuren-Kombi
Bauvorlage Figuren-Kombi
Bauvorlage Figuren-Kombi
Bauvorlage Figuren-Kombi
Bauvorlage Figuren-Kombi
Bauvorlage Figuren-Kombi
Bauvorlage Figuren-Kombi
Bauvorlage Figuren-Kombi
Bauvorlage Figuren-Kombi
Bauvorlage Figuren-Kombi
Bauvorlage Figuren-Kombi
Bauvorlage Figuren-Kombi
Bauvorlage Figuren-Kombi
Bauvorlage Figuren-Kombi
Bauvorlage Figuren-Kombi
Bauvorlage Figuren-Kombi

Bauvorlage Figuren-Kombi
Bauvorlage Figuren-Kombi
Bauvorlage Figuren-Kombi
Bauvorlage Figuren-Kombi
Bauvorlage Figuren-Kombi
Bauvorlage Figuren-Kombi
Bauvorlage Figuren-Kombi
Bauvorlage Figuren-Kombi
Bauvorlage Figuren-Kombi
Bauvorlage Figuren-Kombi
Bauvorlage Figuren-Kombi
Bauvorlage Figuren-Kombi
Bauvorlage Figuren-Kombi
Bauvorlage Figuren-Kombi
Bauvorlage Figuren-Kombi
Bauvorlage Figuren-Kombi
Bauvorlage Figuren-Kombi
Bauvorlage Figuren-Kombi
Bauvorlage Figuren-Kombi
Bauvorlage Figuren-Kombi
Bauvorlage Figuren-Kombi
Bauvorlage Figuren-Kombi
Bauvorlage Figuren-Kombi
Bauvorlage Figuren-Kombi
Bauvorlage Figuren-Kombi
Bauvorlage Figuren-Kombi
Bauvorlage Figuren-Kombi
Bauvorlage Figuren-Kombi
Bauvorlage Figuren-Kombi
Bauvorlage Figuren-Kombi
Bauvorlage Figuren-Kombi
Bauvorlage Figuren-Kombi

Weitere Beispiele für Bildkarten als Bauvorlagen zum Üben und Nachbauen:
(Wie viele Würfel werden jeweils benötigt?)

7.d Lege den Buchstaben mit Einzelwürfeln nach:

Bauvorlage Buchstaben
Bauvorlage Buchstaben
Bauvorlage Buchstaben
Bauvorlage Buchstaben
Bauvorlage Buchstaben
Bauvorlage Buchstaben
Bauvorlage Buchstaben
Bauvorlage Buchstaben
Bauvorlage Buchstaben
Bauvorlage Buchstaben
Bauvorlage Buchstaben
Bauvorlage Buchstaben
Bauvorlage Buchstaben
Bauvorlage Buchstaben
Bauvorlage Buchstaben
Bauvorlage Buchstaben
Bauvorlage Buchstaben
Bauvorlage Buchstaben
Bauvorlage Buchstaben
Bauvorlage Buchstaben
Bauvorlage Buchstaben
Bauvorlage Buchstaben
Bauvorlage Buchstaben
Bauvorlage Buchstaben
Bauvorlage Buchstaben
Bauvorlage Buchstaben
Bauvorlage Buchstaben
Bauvorlage Buchstaben
Bauvorlage Buchstaben
Bauvorlage Buchstaben
Bauvorlage Buchstaben
Bauvorlage Buchstaben
Bauvorlage Buchstaben
Bauvorlage Buchstaben
Bauvorlage Buchstaben
Bauvorlage Buchstaben
Bauvorlage Buchstaben
Bauvorlage Buchstaben
Bauvorlage Buchstaben
Bauvorlage Buchstaben
Bauvorlage Buchstaben
Bauvorlage Buchstaben
Bauvorlage Buchstaben
Bauvorlage Buchstaben
Bauvorlage Buchstaben
Bauvorlage Buchstaben
Bauvorlage Buchstaben
Bauvorlage Buchstaben
Bauvorlage Buchstaben
Bauvorlage Buchstaben
Bauvorlage Buchstaben
Bauvorlage Buchstaben
Bauvorlage Buchstaben
Bauvorlage Buchstaben
Bauvorlage Buchstaben
Bauvorlage Buchstaben
Bauvorlage Buchstaben
Bauvorlage Buchstaben
Bauvorlage Buchstaben
Bauvorlage Buchstaben

Weitere Beispiele für Bildkarten als Bauvorlagen zum Üben und Nachbauen:
(diese können später auch halb abgedeckt werden als herausfordernde Aufgabe)

7.e1 Welche Bauvorlagen passen zusammen? Schneide aus und ordne zu: 1

Bauvorlage Paare finden 1
Bauvorlage Paare finden 1
Bauvorlage Paare finden 1
Bauvorlage Paare finden 1
Bauvorlage Paare finden 1
Bauvorlage Paare finden 1
Bauvorlage Paare finden 1
Bauvorlage Paare finden 1
Bauvorlage Paare finden 1
Bauvorlage Paare finden 1
Bauvorlage Paare finden 1
Bauvorlage Paare finden 1
Bauvorlage Paare finden 1
Bauvorlage Paare finden 1
Bauvorlage Paare finden 1
Bauvorlage Paare finden 1
Bauvorlage Paare finden 1
Bauvorlage Paare finden 1
Bauvorlage Paare finden 1
Bauvorlage Paare finden 1
Bauvorlage Paare finden 1
Bauvorlage Paare finden 1
Bauvorlage Paare finden 1
Bauvorlage Paare finden 1
Bauvorlage Paare finden 1
Bauvorlage Paare finden 1
Bauvorlage Paare finden 1
Bauvorlage Paare finden 1
Bauvorlage Paare finden 1
Bauvorlage Paare finden 1

Bauvorlage Paare finden 1
Bauvorlage Paare finden 1
Bauvorlage Paare finden 1
Bauvorlage Paare finden 1
Bauvorlage Paare finden 1
Bauvorlage Paare finden 1
Bauvorlage Paare finden 1
Bauvorlage Paare finden 1
Bauvorlage Paare finden 1
Bauvorlage Paare finden 1
Bauvorlage Paare finden 1
Bauvorlage Paare finden 1
Bauvorlage Paare finden 1
Bauvorlage Paare finden 1
Bauvorlage Paare finden 1
Bauvorlage Paare finden 1
Bauvorlage Paare finden 1
Bauvorlage Paare finden 1
Bauvorlage Paare finden 1
Bauvorlage Paare finden 1
Bauvorlage Paare finden 1
Bauvorlage Paare finden 1
Bauvorlage Paare finden 1
Bauvorlage Paare finden 1
Bauvorlage Paare finden 1
Bauvorlage Paare finden 1
Bauvorlage Paare finden 1
Bauvorlage Paare finden 1
Bauvorlage Paare finden 1
Bauvorlage Paare finden 1

Weitere Beispiele für Bildkarten als Bauvorlagen zum Üben und Nachbauen:
(diese können später auch halb abgedeckt werden als herausfordernde Aufgabe)

7.e2 Welche Bauvorlagen passen zusammen? Schneide aus und ordne zu: 2

Bauvorlage Paare finden 2
Bauvorlage Paare finden 2
Bauvorlage Paare finden 2
Bauvorlage Paare finden 2
Bauvorlage Paare finden 2
Bauvorlage Paare finden 2
Bauvorlage Paare finden 2
Bauvorlage Paare finden 2
Bauvorlage Paare finden 2
Bauvorlage Paare finden 2
Bauvorlage Paare finden 2
Bauvorlage Paare finden 2
Bauvorlage Paare finden 2
Bauvorlage Paare finden 2
Bauvorlage Paare finden 2
Bauvorlage Paare finden 2
Bauvorlage Paare finden 2
Bauvorlage Paare finden 2
Bauvorlage Paare finden 2
Bauvorlage Paare finden 2
Bauvorlage Paare finden 2
Bauvorlage Paare finden 2
Bauvorlage Paare finden 2
Bauvorlage Paare finden 2
Bauvorlage Paare finden 2
Bauvorlage Paare finden 2
Bauvorlage Paare finden 2
Bauvorlage Paare finden 2
Bauvorlage Paare finden 2
Bauvorlage Paare finden 2

Bauvorlage Paare finden 2
Bauvorlage Paare finden 2
Bauvorlage Paare finden 2
Bauvorlage Paare finden 2
Bauvorlage Paare finden 2
Bauvorlage Paare finden 2
Bauvorlage Paare finden 2
Bauvorlage Paare finden 2
Bauvorlage Paare finden 2
Bauvorlage Paare finden 2
Bauvorlage Paare finden 2
Bauvorlage Paare finden 2
Bauvorlage Paare finden 2
Bauvorlage Paare finden 2
Bauvorlage Paare finden 2
Bauvorlage Paare finden 2
Bauvorlage Paare finden 2
Bauvorlage Paare finden 2
Bauvorlage Paare finden 2
Bauvorlage Paare finden 2
Bauvorlage Paare finden 2
Bauvorlage Paare finden 2
Bauvorlage Paare finden 2
Bauvorlage Paare finden 2
Bauvorlage Paare finden 2
Bauvorlage Paare finden 2
Bauvorlage Paare finden 2
Bauvorlage Paare finden 2
Bauvorlage Paare finden 2
Bauvorlage Paare finden 2

Weitere Beispiele für Bildkarten als Bauvorlagen zum Üben und Nachbauen:
(diese können später auch halb abgedeckt werden als herausfordernde Aufgabe)

7.e3 Welche Bauvorlagen passen zusammen? Schneide aus und ordne zu: 3

Bauvorlage Paare finden 3
Bauvorlage Paare finden 3
Bauvorlage Paare finden 3
Bauvorlage Paare finden 3
Bauvorlage Paare finden 3
Bauvorlage Paare finden 3
Bauvorlage Paare finden 3
Bauvorlage Paare finden 3
Bauvorlage Paare finden 3
Bauvorlage Paare finden 3
Bauvorlage Paare finden 3
Bauvorlage Paare finden 3
Bauvorlage Paare finden 3
Bauvorlage Paare finden 3
Bauvorlage Paare finden 3
Bauvorlage Paare finden 3
Bauvorlage Paare finden 3
Bauvorlage Paare finden 3
Bauvorlage Paare finden 3
Bauvorlage Paare finden 3
Bauvorlage Paare finden 3
Bauvorlage Paare finden 3
Bauvorlage Paare finden 3
Bauvorlage Paare finden 3
Bauvorlage Paare finden 3
Bauvorlage Paare finden 3
Bauvorlage Paare finden 3
Bauvorlage Paare finden 3
Bauvorlage Paare finden 3
Bauvorlage Paare finden 3
Bauvorlage Paare finden 3
Bauvorlage Paare finden 3
Bauvorlage Paare finden 3
Bauvorlage Paare finden 3
Bauvorlage Paare finden 3
Bauvorlage Paare finden 3
Bauvorlage Paare finden 3
Bauvorlage Paare finden 3
Bauvorlage Paare finden 3
Bauvorlage Paare finden 3
Bauvorlage Paare finden 3
Bauvorlage Paare finden 3
Bauvorlage Paare finden 3
Bauvorlage Paare finden 3
Bauvorlage Paare finden 3
Bauvorlage Paare finden 3
Bauvorlage Paare finden 3
Bauvorlage Paare finden 3
Bauvorlage Paare finden 3
Bauvorlage Paare finden 3
Bauvorlage Paare finden 3
Bauvorlage Paare finden 3
Bauvorlage Paare finden 3
Bauvorlage Paare finden 3
Bauvorlage Paare finden 3
Bauvorlage Paare finden 3
Bauvorlage Paare finden 3
Bauvorlage Paare finden 3
Bauvorlage Paare finden 3
Bauvorlage Paare finden 3

Weitere Beispiele für Bildkarten als Bauvorlagen zum Üben und Nachbauen:
(diese können später auch abgedeckt werden als herausfordernde Aufgabe)

7.f Baue die Vorlagen nach mit Make'n Break Bausteinen:

Bauvorlage Make'n Break
Bauvorlage Make'n Break
Bauvorlage Make'n Break
Bauvorlage Make'n Break
Bauvorlage Make'n Break
Bauvorlage Make'n Break
Bauvorlage Make'n Break
Bauvorlage Make'n Break
Bauvorlage Make'n Break
Bauvorlage Make'n Break
Bauvorlage Make'n Break
Bauvorlage Make'n Break
Bauvorlage Make'n Break
Bauvorlage Make'n Break
Bauvorlage Make'n Break
Bauvorlage Make'n Break
Bauvorlage Make'n Break
Bauvorlage Make'n Break
Bauvorlage Make'n Break
Bauvorlage Make'n Break
Bauvorlage Make'n Break
Bauvorlage Make'n Break
Bauvorlage Make'n Break
Bauvorlage Make'n Break
Bauvorlage Make'n Break
Bauvorlage Make'n Break
Bauvorlage Make'n Break
Bauvorlage Make'n Break
Bauvorlage Make'n Break
Bauvorlage Make'n Break

Bauvorlage Make'n Break
Bauvorlage Make'n Break
Bauvorlage Make'n Break
Bauvorlage Make'n Break
Bauvorlage Make'n Break
Bauvorlage Make'n Break
Bauvorlage Make'n Break
Bauvorlage Make'n Break
Bauvorlage Make'n Break
Bauvorlage Make'n Break
Bauvorlage Make'n Break
Bauvorlage Make'n Break
Bauvorlage Make'n Break
Bauvorlage Make'n Break
Bauvorlage Make'n Break
Bauvorlage Make'n Break
Bauvorlage Make'n Break
Bauvorlage Make'n Break
Bauvorlage Make'n Break
Bauvorlage Make'n Break
Bauvorlage Make'n Break
Bauvorlage Make'n Break
Bauvorlage Make'n Break
Bauvorlage Make'n Break
Bauvorlage Make'n Break
Bauvorlage Make'n Break
Bauvorlage Make'n Break
Bauvorlage Make'n Break
Bauvorlage Make'n Break
Bauvorlage Make'n Break

Individuelles Kompetenzprofil (als Förderplan nutzbar)

Name: .... *Datum:* ....

Kompetenzprofil (Raster) für den Lernbereich Geometrie/Raum & Form ▶ SOMA-Würfel

Zur Kennzeichnung kompetenter und förderbedürftigter Bereiche **Felder** bitte füllen:

	Kompetenz-Bereich (siehe Legende)	viel Hilfe nötig	wenig Hilfe nötig	ohne Hilfe	Hinweise / Förderung Sonstige Bemerkungen
1.	Orientiert sich im Raum				
2.	Zeigt / beschreibt Raum-Lage-Beziehungen				
3.	Erkennt veränderte Perspektiven				
4.	Verfügt über Grundvorstellungen **Flächen**				
5.	Verfügt über Grundvorstellungen **Körper**				
6.	Erkennt Kategorie bildende Merkmale				
7.	Sortiert nach Kategorien				
8.	Verbindet zusammengehörige Teile / Elemente				
9.	Baut nach Vorlagen mit Einzelwürfeln				
10.	Baut nach Vorlagen mit SOMA-Teilen				
11.	Baut kompletten SOMA-Würfel **nach Vorlage** zusammen				
12.	Baut kompletten SOMA-Würfel **frei** alleine zusammen				

Hinweise für Förderung: **in Gesamtlerngruppe** ☐ **in Kleingruppe** ☐ **in Einzelförderung** ☐

Name Schüler / in: ______________________________

Ersterhebung (Individueller Lernausgangslage) am: ______________________________

Folgeerhebung (Individueller Lernfortschritte) am: ______________________________

Zur Ersterhebung und Folgeerhebung für Lernfortschritte unterschiedliche Farben wählen.

Kompetenzprofil (Raster) für den Lernbereich Geometrie/Raum & Form ▶ SOMA-Würfel

Zur Kennzeichnung kompetenter und förderbedürftigten Bereiche **Felder** bitte füllen: ☐

	Kompetenz-Bereich	viel Hilfe nötig	wenig Hilfe nötig	ohne Hilfe	Hinweise /Förderung Sonstige Bemerkungen ...
1.	Orientiert sich im Raum				
2.	Erkennt Raum-Lage-Beziehungen				
3.	Erkennt veränderte Perspektiven				
4.	Verfügt über stabile Grundvorstellungen **Flächen**				
5.	Verfügt über stabile Grundvorstellungen **Körper**				
6.	Erkennt Kategorie bildende Merkmale				
7.	Sortiert nach Kategorien				
8.	Verbindet Teile/Elemente nach Merkmalen				
9.	Baut nach Vorlagen mit Einzelwürfeln				
10.	Baut nach Vorlage mit SOMA-Teilen				
11.	Baut SOMA-Würfel **nach Vorlage** zusammen				
12.	Baut SOMA-Würfel **frei** alleine zusammen				

Hinweise für Förderung: **in Gesamtlerngruppe** ☐ **in Kleingruppe** ☐ **in Einzelförderung** ☐

Name Schüler / in: ____________________

Ersterhebung (Individueller Lernausgangslage) am: ____________________

Folgeerscheinung (Individueller Lernfortschritte) am: ____________________

(Zur Ersterhebung und Folgeerhebung für Lernfortschritte unterschiedliche Farben wählen.)

Beispiel:

Kompetenzprofil (Raster) für den Lernbereich Geometrie/Raum & Form ▶ SOMA-Würfel

Kompetenter Bereich: [ ] **Förderbedarf:** [➔] noch nicht überprüft: [?]

	Kompetenz-Bereich	Viel Hilfe nötig	Wenig Hilfe nötig	ohne Hilfe	Hinweise /Förderung Sonstige Bemerkungen...
1.	Orientiert sich im Raum				
2.	Erkennt Raum-Lage-Beziehungen			➔	
3.	Erkennt veränderte Perspektiven	?	?	?	
4.	Verfügt über stabile Grundvorstellungen **Flächen**				
5.	Verfügt über stabile Grundvorstellungen **Körper**				
6.	Erkennt Kategorie bildende Merkmale				
7.	Sortiert nach Kategorien/Merkmalen				
8.	Verbindet Teile/Elemente nach Merkmalen				
9.	Baut nach Vorlagen mit Einzelwürfeln				
10.	Baut nach Vorlage mit SOMA-Teilen			➔	
11.	Baut SOMA-Würfel **nach Vorlage** zusammen	?	?	?	
12.	Baut SOMA-Würfel **frei** alleine zusammen	➔	➔	➔	

Name Schüler/in: *Sarah*

Ersterhebung (Individueller Lernausgangslage) am: ______________________

Interpretation:

Sarah verfügt bereits über recht stabile Kompetenzen im Bereich „Raum-Lage-Beziehungen". Dies wird deutlich an den bereits farbig ausgefüllten Kästchen im Förderplanraster. Zeitweise scheint sie noch leichte Hilfestellungen zu benötigen (Punkt 2). Probleme zeigt sie noch dabei, ein Würfelbauwerk aus verschiedenen Perspektiven zu beschreiben (Punkt 3; vgl. Übung in diesem Buch S. 36 oben). Das Zusammenbauen eines ganzen SOMA-Würfels hat sie bisher noch nicht geübt. Dies kann ein zukünftiges und langfristiges Förderziel darstellen.

Bezugsquellen

Da die Verlage inzwischen alle über einen entsprechend ausführlichen Internet-Auftritt verfügen, sind hier nur die Verlagsnamen für die individuelle Recherche aufgeführt.

Betzold

Wehrfritz

Schubi

Lehrmittelverlag Thorsten Schmidt

Mildenberger

Auer

Westermann

Kallmeyer

Wissner

Des Weiteren bieten reine Schulbuchverlage zum Teil eigene Hefte zum Themenbereich, häufig finden sich aber in Schulheften nur wenige einzelne Seiten zum SOMA-Würfel.

Reflexionskarten zum Ausschneiden und Laminieren

Dazu habe ich noch eine Frage:

Das nächste Mal möchte ich:
- ***lieber wiederholen***
- ***Neues dazu lernen***

Das war heute wichtig im Unterricht:

Das kann ich jetzt schon alleine üben:

4.

2.

3.

1.

